PROCÈS

OU

ASSASSINAT JURIDIQUE

DE

LOUIS XVI.

PROCÈS

OU

ASSASSINAT JURIDIQUE

DE

LOUIS XVI,

ROI DE FRANCE ET DE NAVARRE.

A AVIGNON,

Chez Pierre CHAILLOT Jeune, Imprimeur-
Libraire, rue Balance.

1814.

PROCÈS

DE

LOUIS XVI,

ROI DE FRANCE ET DE NAVARRE.

DÉCRET DU 6 DÉCEMBRE, 1792.

» Art. I. La commission des vingt-quatre, ses comités de législation et de sûreté générale nommeront chacun trois membres, qui se réuniront à la commission des douze.

» II. Cette commission de vingt-un membres présentera lundi matin l'acte énonciatif des crimes dont Louis Capet est accusé ; elle mettra dans un ordre convenable toutes les pièces à l'appui de cet acte.

» III. La commission présentera dans la séance du mardi , huit heures du matin , la série des questions à faire à Louis Capet.

» IV. La convention nationale discutera , dans la séance du lundi , l'acte énonciatif des crimes de Louis Capet.

» V. Le lendemain Louis Capet sera traduit à la barre de la convention pour entendre la lecture de cet acte, et répondre aux questions qui lui seront faites seulement par l'organe du président.

» VI. Copies de l'acte énonciatif et de la série des questions seront remises à Louis Capet, et le président l'ajournera à deux jours, pour être entendu définitivement.

» VII. Le lendemain de cette dernière comparution à la barre , la convention nationale prononcera sur le sort de Louis Capet , par appel nominal. Chaque membre se présentera à la tribune.

» VIII. La convention nationale charge le conseil exécutif, sous sa responsabilité , de prendre toutes les mesures nécessaire pour la sûreté générale pendant le cours du jugement de Louis Capet. »

Acte d'accusation et Interrogatoire du Roi,
avec les Réponses.

« Louis, le peuple français vous accuse d'avoir commis une multitude de crimes pour établir votre tyrannie en détruisant sa liberté.

» Vous avez, le 20 juin 1789, attenté à la souveraineté du peuple en suspendant les assemblées des représentans, et en les repoussant, par la violence, du lieu de leurs séances. La preuve en est dans le procès-verbal dressé au Jeu-de-Paume de Versailles par les membres de l'Assemblée Constituante. — Louis a répondu avec le ton de l'indignation : Il n'y avait aucune loi dans ce temps-là qui existât sur cet objet.

» Le 23 juin vous avez voulu dicter des lois à la Nation, vous avez entouré de troupes ses représentans, vous leur avez présenté deux déclarations royales éversives de toute liberté, et vous leur avez ordonné de se séparer. Vos déclarations et les procès-verbaux de l'Assemblée constatent ces attentats. — Même réponse que la précédente. »

» Vous avez fait marcher une armée contre les citoyens de Paris. Vos satellites ont fait couler le sang de plusieurs d'entr'eux, et vous n'avez éloigné cette armée, que lorsque la prise de la Bastille et l'insurrection générale vous ont appris que le peuple était victorieux. Les discours que vous avez tenus les 9, 12 et 14 juillet, aux diverses députations de l'Assemblée Constituante, font connaître quelles étaient vos intentions, et les massacres des Tuileries déposent contre vous. — Louis, avec le même ton : J'étais maître de faire marcher les troupes comme je voulais dans ce temps-là ; et jamais mon intention n'a été de faire répandre du sang. »

» Après ces événemens, et malgré les promesses que vous aviez faites le 15 dans l'Assemblée Constituante, et le 17 dans l'Hôtel-de-Ville de Paris, vous avez persisté dans vos projets contre la liberté nationale, et vous avez long-temps éludé de faire exécuter les décrets du 11 août concernant l'abolition de la servitude personnelle, du régime féodal et de la dîme. Vous avez long-temps refusé de reconnaître la déclaration des droits de l'homme ; vous avez augmenté du double le nombre de vos gardes-du-corps, et appelé le régiment de Flandres à Versailles ; vous avez permis que dans des orgies faites sous vos yeux, la cocarde nationale fût foulée aux pieds, la cocarde blanche arborée, et la nation blasphêmée. Enfin, vous avez nécessité une nouvelle insurrection, occasionné la mort de plusieurs citoyens ; et ce n'est qu'après la défaite de vos gardes que vous avez changé de langage et renouvelé des promesses perfides. Les preuves de ces faits sont dans vos observations du 18 septembre sur les décrets du 11 août, dans les procès-verbaux de l'Assemblée Constituante, dans les événemens de Versailles des 5 et 6 octobre, et dans le discours que vous avez tenu le même jour à une députation de l'Assemblée Constituante, lorsque vous lui dites que *vous vouliez vous éclairer de ses conseils, et ne jamais vous séparer d'elle.* — J'ai fait les observations que j'ai cru justes et nécessaires sur les décrets qui m'ont été présentés. Quant à la cocarde, le fait est faux. Il ne s'est pas passé devant moi. »

« Vous avez prêté à la fédérations du 14 juillet un serment que vous n'avez pas tenu. Bientôt vous avez essayé de corrompre l'esprit public à l'aide de *Talon*, qui agissait dans Paris, et de *Mirabeau*, qui devait imprimer un mouvement contre-révolutionnaire aux provinces. Vous avez répandu des millions pour effectuer cette corruption, et vous avez voulu faire de la popularité même un moyen d'asservir le peuple. Ces faits résultent d'un mémoire de Talon, que vous avez apostillé de votre main, et d'une lettre que Laporte vous écrivait le 19 avril, dans laquelle, vous rapportant une conversation qu'il avait eue avec Rivarol, il vous disait que les millions que l'on vous avez engagé à répandre n'avaient rien produit.

Valazé est à la tribune, et dit : « Voilà des pièces à l'appui de ces faits ; voilà le memoire de Talon. — Louis répond : Je ne me rappelle point précisément ce qui s'est passé dans ce temps-là ; mais le tout est antérieur à l'acceptation que j'ai faite de la constitution. »

» N'est-ce pas par suite du projet de Talon que vous avez été au faubourg Saint-Antoine, et que vous y avez répandu de l'argent, en disant que vous ne pouviez pas faire davantage ? — Je n'avais pas de plus grand plaisir que de donner à ceux qui avaient besoin ; et ce que j'ai fait alors n'avait trait à aucun projet. »

» N'est-ce pas par suite du même projet que, le 28, une multitude de nobles et de militaires se répandirent dans vos appartemens, au château des Tuileries, pour favoriser cette fuite, et que vous voulûtes, le 18 avril, quitter Paris pour vous rendre à Saint-Cloud, sous prétexte de santé ? — Cette accusation est absurde. »

» Dès long-temps vous avez médité un projet de fuite. Il vous fut remis le 23 février un Mémoire qui vous en indiquait les moyens, et vous l'apostillâtes ; mais la résistance des citoyens vous fit sentir que la défiance était grande : vous cherchâtes à la dissiper en communiquant à l'Assemblée Constituante une lettre que vous adressiez aux Agens de la Nation auprès des Puissances étrangères, pour leur annoncer que vous aviez accepté librement les articles constitutionnels qui vous avaient été présentés : et cependant, le 21, vous preniez la fuite avec un faux passe-port ; vous laissiez une déclaration contre ces mêmes articles constitutionnels ; vous ordonniez au ministres de ne signer aucun des actes émanés de l'Assemblée nationale, et vous défendiez à celui de la justice de remettre les sceaux de l'État. L'argent du Peuple était prodigué pour assurer le succès de cette trahison, et la force publique devait la protéger sous les ordres de Bouillé, qui naguères avait été chargé de diriger le massacre de Nancy, et à qui vous aviez écrit à ce sujet *de soigner sa popularité, parce qu'elle vous serait utile.* Ces faits sont prouvés par le Mémoire du 23 février, apostillé de votre main ; par votre déclaration du 20 juin, toute entière de votre écriture ; par votre lettre du 4 septembre 1790, à Bouillé, et par une note de celui-ci, dans laquelle il rend compte de l'emploi des 993,000 livres données par vous, et employées en partie à la corruption des troupes qui devaient vous escorter. — Je n'ai aucune connaissance du Mémoire du 23 février. Quant à ce qui est relatif à mon voyage de Varennes, je m'en réfère à ce que j'ai dit aux Commissaires de l'Assemblée Constituante dans ce temps-là. »

» Après votre arrestation à Varennes, l'exercice du pouvoir exécutif fut un moment suspendu dans vos mains, et vous conspirâtes encore. Le 19 juillet, le sang des citoyens fut versé au Champ-de-Mars. Une lettre de votre main, écrite en 1790 à Lafayette, prouve qu'il existait une coalition criminelle entre vous et Lafayette, à laquelle Mirabeau avait accédé. La révision commença sous ces auspices cruels, tous les genres de corruption furent employés. Vous avez payé des libelles, des pamphlets, des journaux destinés à pervertir l'opinion publique, à discréditer les assignats et à soutenir la cause des émigrés. Les registres de Septeuil indiquent quelles sommes énormes ont été employées à ces manœuvres liberticides. — Ce qui s'est passé le 19 juillet ne peut aucunement me regarder ; pour le reste, je n'en ai aucune connaissance. »

» Vous avez paru accepter la constitution le 14 septembre ; vos discours annonçaient la volonté de la maintenir, et vous travailliez à la renverser avant même qu'elle fût achevée.

» Une convention avait été faite à Pilnitz le 24 juillet, entre Léopold d'Autriche et Frédéric-Guillaume de Brandebourg, qui s'étaient engagés à relever en France le trône de la monarchie absolue, et vous vous êtes tu sur cette convention jusqu'au moment où elle a été connue de l'Europe entière. — Je l'ai fait connaître sitôt que je l'ai su ; au reste, tout qui a trait à ces objets, par la constitution regarde les ministres.

» Arles avait levé l'étendard de la révolte, vous l'aviez favorisée par l'envoi de trois commissaires civils qui se sont occupés, non à réprimer les contre-révolutionnaires, mais à justifier leurs attentats. — Les instructions qu'avaient les commissaires doivent prouver ce dont ils étaient chargés, et je n'en connaissais aucun quand les ministres me les ont proposés.

» Avignon et le Comtat Venaissin avaient été réunis à la France : vous n'avez fait exécuter le décret qu'après un mois ; et pendant ce temps la guerre civile a désolé ce pays. Les commissaires que vous y avez successivement envoyés ont achevé de le dévaster. —

Je ne me souviens pas du délai qui a été mis dans l'exécution : au reste, ce sont ceux qui y ont été envoyé, et ceux qui les ont envoyé, que cela regarde.

» Nîmes, Montauban, Mende, Jalès avaient éprouvé de grandes agitations dès les premiers jours de la liberté ; vous n'avez rien fait pour étouffer ce germe de contre-révolution, jusqu'au moment où la conspiration de Saillant a éclaté. — J'ai donné tous les les ordres que les ministres m'ont proposés.

» Vous avez envoyé vingt-deux bataillons contre les Marseillais qui marchaient pour réduire les contre-révolutionnaires arlésiens. — Il faudrait que j'eusse les pièces pour répondre juste à cela.

» Vous avez donné le commandement du Midi à Wigenstein, qui vous écrivait le 21 avril 1792, après qu'il eut été rappelé : « Quelques instans de plus, et je rappellerai pour toujours autour du trône de Votre Majesté des milliers des Français redevenus dignes des vœux qu'elle forme pour leur bonheur. » — Cette lettre est postérieure à son rappel. Il n'a pas été employé depuis. Je ne me souviens pas de la lettre.

» Vous avez payé vos ci-devant gardes-du-corps à Coblentz ; les registres de Septeuil en font foi, et plusieurs ordres signés de vous constatent que vous avez fait passer des sommes considérables à Bouillé, Rochefort, la Vauguyon, Choiseul-Beaupré, Hamilton et la femme Polignac. — D'abord que je sus que mes gardes-du-corps se formaient de l'autre côté du Rhin, je défendis qu'on les payât ; pour le reste, je ne m'en souviens nullement.

» Vos frères, ennemis de l'Etat, ont rallié les émigrés sous leurs drapeaux ; ils ont levé des régimens, fait des emprunts, et contracté des alliances en votre nom ; vous ne les avez désavoués qu'au moment où vous avez été certain que vous ne pouviez plus nuire à leurs projet. Votre intelligence avec eux est prouvée par un billet écrit de la main de Louis-Stanislas-Xavier, souscrit par vos deux frères, et ainsi conçu :

« Je vous ai écrit, mais c'était par la poste, et je n'ai rien pu dire. Nous sommes ici deux qui n'en font qu'un ; mêmes sentimens, mêmes principes, même ardeur pour vous servir. Nous gardons le silence ; mais c'est que le rompant trop tôt, nous vous compromettrions : mais nous parlerons dès que nous serons sûrs de l'appui général ; et ce moment est proche. Si l'on nous parle de la part de ces gens-là, nous n'écouterons rien ; si c'est de la vôtre, nous écouterons ; mais nous irons droit notre chemin : ainsi, si l'on veut que vous nous fassiez dire quelque chose, ne vous gênez pas. Soyez tranquille sur votre sûreté, nous n'existons que pour vous servir, nous y travaillons avec ardeur, et tout va bien ; nos ennemis mêmes ont trop d'intérêt à votre conservation, pour commettre un crime inutile, et qui acheverait de les perdre. Adieu. LOUIS-STANISLAS-XAVIER, et CHARLES-PHILIPPE. — J'ai désavoué toutes les démarches de mes frères, suivant que la Constitution me le prescrivait, aussitôt que j'en ai eu connaissance. Je n'ai aucune connaissance de ce billet.

» L'armée de ligne qui devait être portée au pied de guerre, n'était forte que de 100 mille hommes à la fin de décembre ; vous aviez ainsi négligé de pourvoir à la sûreté extérieure de l'Etat. Narbonne, votre agent, avait demandé une levée de 50 mille hommes, mais il arrêta le recrutement à 26 mille, en assurant que tout était prêt. Rien ne l'était pourtant. Après lui, Servan proposa de former auprès de Paris un camp de vingt mille hommes ; l'Assemblée Législative le décréta ; vous refusâtes votre sanction. Un élan de patriotisme fait partir de tous côtés des citoyens pour Paris. Vous fîtes une proclamation qui tendait à les arrêter dans leur marche : cependant nos armées étaient dépourvues de soldats ; Dumouriez, successeur de Servan, avait déclaré que la Nation n'avait ni armes, ni munitions, ni subsistances, et que les places étaient hors de défense. Vous avez attendu d'être pressé par une réquisition faite au ministre Lajard, à qui l'Assemblée Législative demandait d'indiquer quels étaient ses moyens de pourvoir à la sûreté extérieure de l'Etat, pour proposer, par un message, la levée de quarante-deux bataillons. — J'ai donné aux ministres tous les ordres nécessaires pour mettre l'armée sur le pied de guerre, dès le mois de décembre dernier ; les états ont été mis sous les yeux de l'Assemblée : s'ils se sont trompés, ce n'est pas ma faute.

» Vous avez donné mission aux commandans des troupes de désorganiser l'armée, de pousser des régimens entiers à la désertion, et de leur faire passer le Rhin pour les mettre à la disposition de vos frères et de Léopold d'Autriche, avec lequel vous étiez d'intelligence ; le fait est prouvé par la lettre de Toulongeon, commandant dans la France-Comté. — Il n'y a pas le mot de vrai dans cette accusation.

» Vous avez chargé vos agens diplomatiques de favoriser la coalition des puissances étrangères et de vos frères contre la France, et particulièrement de cimenter la paix entre la Turquie et l'Autriche, pour dispenser celle-ci de garnir ses frontières du côté de la Turquie, et lui procurer par-là un plus grand nombre de troupes contre la France. Une lettre de Choiseul-Gouffier, ambassadeur à Constantinople, établit le fait. — M. de Choiseul n'a pas dit la vérité : cela n'a jamais existé.

Les Prussiens s'avançaient vers nos frontières. On interpela, le 8 juillet, votre ministre de rendre compte de l'état de nos relations politiques avec la Prusse ; vous répondîtes, le 10, que cinquante mille Prussiens marchaient contre nous, et que vous donniez avis au Corps Législatif des actes formels de ces hostilités imminentes, aux termes de la constitution. — Ce n'est qu'à cette époque-là que j'en ai eu connaissance : toute la correspondance diplomatique passait par les ministres.

» Vous avez confié le département de la guerre à Dabancourt, neveu de Calonne : et tel a été le succès de votre conspiration, que les places de Longwi et de Verdun ont été livrées aussitôt que les ennemis ont paru. — J'ignorais que M. Dabancourt fût le neveu de Calonne. Ce n'est pas moi qui ai dégarni les places : je ne me serais pas permis une pareille chose.

» Qui est-ce qui a dégarni les places de Longwi et de Verdun ? — Je n'en ai aucune connaissance, si elles l'ont été.

Vous avez détruit notre marine ; une foule d'officiers de ce corps étaient émigrés ; à peine en restait-il pour faire le service des ports ; cependant Bertrand accordait toujours des passeports : et lorsque le corps législatif vous a exposé, le 8 mars, sa conduite coupable, vous répondîtes que vous étiez satisfait de ses services. — J'ai fait ce que j'ai pu pour retenir les officiers. Quant à Bertrand ; comme l'assemblée nationale ne portait contre lui aucun grief qui pût le faire mettre en état d'accusation, je n'ai pas cru devoir le charger.

» Vous avez favorisé dans les colonies le maintien du gouvernement absolu ; vos agens y ont partout fomenté le trouble et la contre-révolution, qui s'y est opérée à la même époque où elle devait s'effectuer en France ; ce qui indique assez que votre main conduisait cette trame. — Il y a beaucoup de personnes qui se sont dites mes agens dans les colonies ; elles n'ont pas dit vrai : je n'ai eu aucun rapport à ce que vous venez de me dire.

» L'intérieur de l'Etat était agité par les fanatiques ; vous vous en êtes déclaré le protecteur, en manifestant l'intention évidente de recouvrer par eux votre ancienne puissance. — Je ne peux pas répondre à cela ; je n'ai aucune connaissance de ce projet.

» Le corps législatif avait rendu, le 19 janvier, un décret contre les prêtres factieux ; vous en avez suspendu l'exécution. — La constitution me laissait la sanction libre des décrets.

» Les troubles s'étaient accrus ; le ministre déclara qu'il ne connaissait dans les lois existantes aucun moyen d'atteindre les coupables. Le corps législatif rendit un nouveau décret : vous en suspendîtes encore l'exécution. — Même réponse que la précédente. .

» L'incivisme de la garde que la constitution vous avait donnée, en avait nécessité le licenciement. Le lendemain, vous lui avez écrit une lettre de satisfaction, vous avez continué de la solder : ce fait est prouvé par les comptes du trésorier de la liste civile. — Je n'ai continué de la payer que jusqu'à ce qu'elle pût être recréée, comme le décret le portait.

» Vous avez retenu auprès de vous les gardes-suisses : la constitution vous le défendait, et l'assemblée législative en avait expressément ordonné le départ. — J'ai suivi tous les décrets qui ont été rendus à cet égard.

» Vous avez eu dans Paris des compagnies particulières, chargées d'y opérer des mouvemens utiles à vos projets de contre-révolution. D'Angremont et Gilles étaient deux de vos agens : ils étaient salariés par la liste civile. Les quittances de Gilles, chargés de l'organisation d'une compagnie de soixante hommes, vous seront présentées. — Je n'ai aucune connaissance du projet qu'on leur prête : jamais idée de contre-révolution est entrée dans ma tête.

Vous avez voulu, par des sommes considérables, suborner plusieurs membres des assemblées constituante et législative. Des lettres de Saint-Léon et d'autres attestent la réalité de ces faits. — Il y a eu plusieurs personnes qui se sont présentées avec des projets pareils ; je les ai éloignées.

Quels sont ceux qui vous ont présenté ces projets ? — C'était si vague, que je ne m'en rappelle pas dans ce moment.

Quels sont les membres de l'assemblée nationale et législative, que vous avez voulu corrompre ? — Je n'ai point cherché à en corrompre : je vous l'ai déjà dit : je n'en connais aucun.

Quels sont ceux à qui vous avez promis ou donné de l'argent ? — Aucun.

Vous avez laissé avilir la nation française en Allemagne, en Italie, en Espagne, puisque vous n'avez rien fait pour exiger la réparation des mauvais traitemens que les Français ont éprouvés dans ces pays. — La correspondance diplomatique doit prouver le contraire : au reste, cela regardait les Ministres.

» Vous avez fait, le 10 août, la revue des Suisses à cinq heures du matin, et les Suisses ont tiré les premiers sur les citoyens. — J'ai été voir toutes les troupes qui étaient rassemblées chez moi ce jour-là ; les autorités constituées étaient chez moi, le déparzement, le maire et la municipalité ; j'avais fait prier même une députation de l'assemblée nationale d'y venir pour m'aider de ses conseils, et je me suis ensuite rendu dans son sein avec ma famille.

» Pourquoi ce jour-là avez-vous doublé la garde du château des Tuileries ? — Toutes les autorités constituées l'ont vu ; le château était menacé ; et comme j'étais une autorité constituée, je devais me défendre.

» Pourquoi avez-vous mandé au château le maire de Paris dans la nuit du 9 au 10 août ? — Sur les bruits qui se répandaient.

» Vous avez fait couler le sang des Français. — Non, monsieur, ce n'est pas moi.

» Avez-vous autorisé Septeuil à faire un commerce considérable de grains, sucre et café, à Hambourg ? ce fait est prouvé par une lettre de Septeuil. — Je n'ai aucune connaissance de ce que vous dites là.

» Pourquoi avez-vous mis le *veto* sur le décret qui ordonnait la formation d'un camp de 20,000 hommes ? — ? La constitution me donnait la libre sanction des décrets, et dès ce temps-là même j'ai demandé la réunion d'un camp à Soissons.

» Le président annonce que les questions sont épuisées. Il demande à Louis Capet s'il a quelque chose à ajouter. Il répond : Je demande communication des accusations que je viens d'entendre,

dre,

dre, et des pièces qui y sont jointes, et la faculté de choisir un conseil pour me défendre.

» Le président s'adressant à Louis Capet, lui dit : La Convention nationale a décrété, le 6 décembre, qu'il vous serait donné copie de l'acte énonciatif des crimes qui vous sont imputés, et que son président vous ajournerait à deux jours pour être entendu définitivement. — S'adressant à l'assemblée : La Convention veut-elle communiquer à Louis les pièces originales pour qu'il en vérifie les signatures ? — Oui, oui, répond-on.

» Louis : Je demande à pouvoir les examiner avec soin.

» Manuel : Louis devrait se retirer un instant, et l'assemblée délibérerait sur ses demandes.

» Thuriot : Il n'en est pas besoin. On peut lui communiquer à l'instant les pièces.

» Toutes les pièces sont posées sur une table placée devant la barre. Valazé les prend l'une après l'autre, en énonce le contenu, et les présente successivement à Louis, qui les examine.

» Valazé : Voilà le mémoire de Talon, adressé à Louis Capet. Ce mémoire est apostillé de sa main. Reconnaissez-vous cette apostille ? Louis : Non.

Voici un mémoire de Laporte, qui établit entre Louis et Mirabeau un projet de contre-révolution. — J'ai dit que je ne le connaissais pas.

Lettre de Louis Capet, datée du 29 juin 1790 ; elle annonce un projet entre Lafayette et Mirabeau. — Cela a l'air d'être mon écriture. Je vous prie d'en expliquer le contenu. (On lit la lettre.) C'est un projet de lettre ; il n'y est pas question de révolution. Elle n'a pas été envoyée.

Lettre de Laporte à Louis Capet. On y parle du comité des finances et des domaines. — Je ne la connais pas.

Autre lettre de Laporte ; on y explique une prétendue rupture de Mirabeau avec les Jacobins. — Je ne la connais pas.

Lettre du même ; elle explique les derniers instans de la vie de Mirabeau. — Je ne la connais pas plus que l'autre.

Lettre du même, où l'on dit que Mirabeau est le seul homme qui convienne. — Je ne la connais pas plus que les trois premières. (Louis s'assied.)

Projet de constitution ou de révision. — Toutes ces choses-là, si elles ont existé, ont été effacées par la constitution.

Mais connaissez-vous cette écriture ? — Non, je ne la connais pas.

Et l'apostille ? — De même.

Lettre de Laporte : il rend compte d'une conversation avec Rivarol. — Je ne la connais pas plus.

Lettre du même : il se plaint de Mirabeau et de l'abbé Périgord. — Je ne la reconnais pas plus que les autres.

Lettre du même, énonciative d'un mémoire qui contient un plan de contre-révolution. — Je ne connais aucun des deux.

Pièces énonciatives des dépenses à faire pour gagner la faveur populaire : cette pièce a été trouvée dans la baie pratiquée dans un mur du château des Tuileries.

Le président : Avant de communiquer la pièce à Louis, j'ai une question à lui faire.

Avez-vous fait construire une armoire à porte de fer dans un mur du château des Tuileries ? — Je n'en ai aucune connaissance.

Valazé continue.

Connaissez-vous cette pièce ? — Je ne la connais pas.

Nouveau plan du même genre. — Je ne connais pas davantage celui-là.

Pièce relative aux dépenses à faire pour acquérir de l'influence. — Je ne la connais pas davantage.

Registre ou journal de la main de Louis Capet, intitulé : *Pensions accordées sur la cassette depuis 1776 jusqu'en 1792.* On y remarque de pensions accordées aux garde-du-corps, et une gratification de trois mille livres à Acloque pour son faubourg, etc. — Je reconnais celui-là, monsieur, c'est des charités que j'ai faites.

Quatre états des compagnies des gardes-du-corps et du traitement qui leur était payé. — Oui, je les reconnais ; ils étaient antérieurs à la défense que j'ai faite d'aucun paiement. Ils ne devaient être payés aucun sous les armes.

Où aviez-vous déposé ces pièces par vous reconnues ? — Elles devaient être chez mon trésorier.

Etat de pensions accordées aux anciens gardes-du-corps, cent-suisses, garde-françaises et gardes-suisses. — Je ne reconnais pas celui-là.

Procès-verbal de la municipalité de Grenoble, relatif à l'arrestation de *Mounier* et autres conspirateurs du camp de Jalès. — Je ne connais pas cela.

Voici des copies certifiées de toutes les pièces originales déposées aux archives du département de l'Ardèche.

Mémoire signé Condé, daté de Coblentz, le 4 mars 1792, portant autorisation donnée à Dusaillant de commander dans le midi. — Je ne connais pas cela.

Pièce énonciative des démêlés entre les chefs de l'armée de Jalès. — Pas davantage.

Pièce énonciative d'une correspondance entre Vérac et Dusaillant. — Pas davantage.

Lettre énigmatique, relative au camp de Jalès. — Pas davantage.

Réclamation du comité central de Jalès aux frères du ci-devant roi. — Pas davantage.

Autre lettre énigmatique, relative au camp de Jalès. — Pas davantage.

Pièce énonciative des pouvoirs donnés à Dusaillant par les frères du ci-devant roi. — Pas davantage.

Lettre écrite à Dusaillant par les frères du ci-devant roi, pour lui donner cette autorisation. — Pas davantage.

Pouvoirs conférés le 5 mars 1792 à Dusaillant. — Pas davantage.

Instruction et pouvoirs donnés à Conway, par les frères du ci-devant roi. --- Pas davantage.

Lettre datée de Coblentz, le 4 mars 1792, signée *Louis Stanislas-Xavier*, et *Charles-Philippe*, servant de réponse à la délibération prise au nom de l'armée de Jalès. --- Pas davantage.

Lettre de Bouillé, datée de Mayence le 15 décembre 1791, il parle de 993,000 liv. reçues de Louis --- Non.

Liasse de cinq pièces trouvées chez Septeuil : ce sont les notes et les reçus de plusieurs paiemens faits pour service secret. --- Non.

Billet de Laporte, portant envoi de trois billets signés *Louis*, pour l'entretien des princes, ci-devant ducs d'Angoulême et de Berry. --- Non.

Liasse relative aux dons faits à la femme Polignac, à la Vauguyon et à Choiseul. --- Non.

Le jour commençait à tomber : Kersaint a pris la parole. « Les Citoyens de Paris, a-t-il dit, sont depuis ce matin sous les armes ; il est bientôt nuit ; et il faut qu'avant la fin du jour le ci-devant roi rentre au Temple : je demande que cette communication de pièces soit interrompue et continuée demain. » --- On peut finir aujourd'hui, lui répond-on.

Valazé continue : « Billet adressé au ci-devant roi par ses frères. Connaissez-vous ce billet ? --- Non.

Lettre de Toulongeon, datée de Fribourg le 6 août 1792 : il réclame auprès des frères du roi pour en être bien accueilli quand il ira les rejoindre ; la connaissez-vous ? --- Point.

Liasse concernant l'affaire de Choiseul-Gouffier. --- Nullement.

Lettre de Louis à l'évêque de Clermont ; la reconnaissez-vous ? --- Non.

La signature ? --- Non.

Et le cachet aux armes de France ? --- Il y avait beaucoup de personnes qui l'avaient.

» Après la communication de ces pièces, le président s'adresse à Louis Capet, et lui dit : La Convention Nationale a décrété, le 6 décembre, qu'il vous serait donné copie de l'acte énonciatif des crimes qui vous sont imputés, et des pièces y jointes, et que le président vous ajournerait à deux jours pour être entendu définitivement. La Convention Nationale vous permet de vous retirer dans la salle des conférences ; elle va délibérer, et vous fera connaître son décret.

» Louis : J'ai demandé un conseil. --- Il sort, accompagné des officiers municipaux et du commandant-général de la garde nationale.

» Le président : Louis a été renvoyé à la salle des conférences, parce que le président devait prendre les ordres de l'Assemblée. Je la consulte sur la proposition de Kersaint.

» Cette proposition est adoptée en ces termes :

» La Convention Nationale décrète que le commandant-général de la garde nationale de Paris reconduira sur-le-champ Louis Capet au Temple. »

Le mercredi 26 Décembre , le Roi est introduit dans l'assemblée avec ses trois défenseurs.

Le président. Louis , la Convention a décrété que vous seriez entendu définitivement aujourd'hui ; vous pouvez proposer ou faire proposer votre défense. Soyez assis.

M. Desèze prend la parole.

Défense du Roi.

« Il est donc enfin arrivé le moment où Louis, accusé par le peuple français , et entouré des conseils que la loi et l'humanité lui donnent , peut se faire entendre au milieu du peuple lui-même , et lui présenter sa défense ! Le silence même qui m'environne m'avertit que le jour de la justice a succédé à celui de la prévention ; que cet acte même n'est pas de vaine forme ; que le temple de la liberté est aussi celui de l'impartialité ; que la loi est commune pour tous , et que l'homme, quel qu'il soit , s'il se trouve réduit à la condition humiliante d'accusé , il doit trouver de la justice dans ceux-mêmes qui le poursuivent. Je dis l'homme quel qu'il soit , car Louis n'est plus qu'un homme , et un homme accusé. Citoyens , c'est le moment où vous lui devez , je ne dis pas le plus de justice , mais même le plus de faveur. Toute la sensibilité que peut faire naître un malheur sans termes , Louis doit vous l'inspirer ; et , comme l'a dit un républicain célèbre , l'accusé qui a été grand , présente quelque chose de plus attendrissant , de plus sacré, que le sort des autres hommes. Sans doute , celui qui a occupé le trône le plus brillant de l'univers , doit inspirer la plus grande compassion.

Vous avez appelé Louis devant vous , il y est venu avec calme , avec confiance , avec dignité ; il y est venu plein du sentiment de son innocence , fort de son intention , qu'aucune force humaine ne peut lui ravir ; il vous a manifesté son âme toute entière ; il vous a révélé jusques à ses pensées les plus secrètes : mais en discutant sans préparation et sans examen des faits qu'il n'avait pu prévoir, en improvisant, pour ainsi dire , une justification qu'il était bien loin d'imaginer devoir donner un jour ; il n'a pu que dire son innocence : moi , je viens la prouver. Il n'a pas pu vous en présenter les preuves : moi, je vous les apporte ; je les apporte à ce peuple qui l'accuse. Je voudrais pouvoir être entendu de la France entière ; je voudrais que cette enceinte pût s'aggrandir pour la recevoir. Je sais qu'en parlant aux représentans de la nation , c'est parler à la nation elle-même ; mais Louis regrette qu'une foule immense , qui n'a reçu que des préventions contre lui , ne puisse pas l'entendre ; il regrette de n'être pas à portée de lui fournir sa réponse : ce qui lui importe le plus , c'est de prouver qu'il n'est pas coupable. Louis sait bien que l'Europe attend avec impatience le jugement que vous allez rendre ; mais il ne s'occupe que de la France ; il sait bien que la postérité recueillera un jour toutes les pièces de ce grand procès : mais Louis ne songe qu'à ses contemporains ; il n'aspire qu'à les détromper. Et nous aussi , nous ne nous sommes occupés que de la France , que de justifier Louis , et nous ne croirons avoir rempli notre tâche , que quand nous aurons démontré son innocence. -

Je ne dois pas dissimuler , citoyens , que ç'a été pour nous un sujet de douleur, de voir que le temps nous a manqué, sur-tout à moi, pour la combinaison de cette défense.

Les matériaux les plus vastes étaient dans nos mains ; à peine avons-nous eu le temps de jeter les yeux sur les pièces que la commission nous a remises. Nous avons employé, à les classer, les momens qui nous avaient été accordés pour les examiner ; et dans une cause qui, par son importance, et, si je puis m'exprimer ainsi, par son retentissement dans les siècles, aurait mérité plusieurs mois de réflexions et de travaux, nous n'avons eu que quelques jours de méditation. Je vous supplie donc, citoyens, de m'entendre avec l'indulgence et le respect que l'on doit à la défense de tout accusé : que la cause de Louis ne souffre point des omissions forcées de son défenseur ; que l'on voie éclater et votre justice et notre zèle, et que l'on puisse dire, comme le célèbre orateur de Rome, que vous avez travaillé, pour ainsi dire, à la justification que je vous présente.

J'ai une grande carrière à parcourir, je vais l'abréger en la divisant.

Si je n'avais à répondre qu'à des juges, je ne leur parlerais que des principes, je me contenterais de dire : depuis que la nation a aboli la royauté, il n'y a rien à prononcer contre Louis ; mais je parle aussi au peuple, et Louis est trop jaloux de son honneur pour ne pas s'imposer une tâche surabondante, et ne pas se faire un devoir de discuter tous les faits. Je poserai d'abord les principes, et je discuterai ensuite tous les faits renfermés dans l'acte d'accusation.

J'ai à examiner l'affaire sous deux points de vue : sous celui où était placé Louis XVI avant l'abolition de la royauté, et sous celui où il se trouve placé depuis.

En entrant dans la discussion, je trouve un décret par lequel vous déclarez que Louis sera jugé, et qu'il le sera par vous ; je n'ignore pas quelle est l'explication qu'on a donnée à ce décret ; je sais qu'on a supposé que, par cette action, la convention avait ôté à Louis l'inviolabilité dont la constitution l'entourait. On dit que Louis ne peut employer, pour sa défense, son inviolabilité ; mais c'est là une erreur. Il a le droit de repousser par tous les moyens possibles l'accusation qui lui est intentée ; ce droit est celui de tous les accusés, et il n'appartient pas au juge de l'en priver : il ne peut qu'apprécier sa défense.

Voici donc les principes que je pose et que je réclame : les nations sont souveraines ; elles ont la liberté de se donner telle forme de gouvernement qui leur paraît la plus convenable ; elles peuvent, après avoir reconnu des vices dans cette forme, en adopter une nouvelle. Je ne conteste pas ce droit des nations ; il est imprescriptible ; il est écrit dans l'acte constitutionnel, et l'on n'a peut-être pas oublié que c'est à l'un des conseils de Louis, membre alors de l'assemblée constituante, que l'on doit la consécration de ce principe fondamental. Mais une grande nation ne peut exercer elle-même sa souveraineté, il faut nécessairement qu'elle en délègue l'exercice, et la nécessité de cette délégation la conduit à un gouvernement monarchique ou à tout autre.

En 1789, à cette première époque de la révolution qui a changé notre gouvernement, la nation assemblée a déclaré aux mandataires qu'elle avait choisis, qu'elle voulait garder la monarchie ; ce gouvernement exigeait l'inviolabilité de son chef. On avait pensé que dans un pays où le roi est chargé seul de l'exécution des lois, il avait besoin, pour que son autorité n'éprouvât pas des obstacles insurmontables, de toute la force de l'opinion ; qu'il fallait qu'il pût imprimer cette crainte salutaire qui fait respecter la loi ; il fallait qu'il pût réprimer les passions qui contrarieraient le vœu général ; il fallait qu'il tînt dans sa main tous les ressorts constitutionnels , et qu'il ne souffrît pas qu'un seul se relâchât ; on avait pensé que pour remplir de si grands devoirs , il fallait que le monarque jouît d'une grande puissance , et que , pour que cette grande puissance pût s'exercer avec liberté , il fallait que le roi fût inviolable. Les représentans du peuple savaient d'ailleurs que ce n'était pas pour les rois que les nations créaient l'inviolabilité , mais pour leur bonheur ; que dans un gouvernement monarchique , la tranquillité serait toujours troublée si le chef suprême n'opposait pas sans cesse l'autorité de la loi à toutes les passions qui pourraient contrarier le gouvernement.

Ils avaient pensé , avec un peuple voisin , que c'était un principe aussi moral que politique , que cette maxime : les fautes des rois ne sont point personnelles ; qu'il faut les attribuer au malheur de leur position et aux séductions dont ils sont environnés , et qu'il vaut mieux pour le peuple écarter d'eux toute espèce de responsabilité , et supposer même leur démence , que de les exposer à des attaques qui occasionneraient des révolutions continuelles. C'est dans ces idées que les représentans du peuple ont posé les bases de l'inviolabilité.

J'ouvre la constitution , et je remarque d'abord que la royauté a été donnée à Louis à titre de délégation. On a demandé si elle était un contrat : ce n'était là qu'une chicane de mots : sans doute ce n'était pas un contrat ordinaire , c'était évidemment un mandat qui attribuait l'exercice de la souveraineté dont la nation se réservait le principe , et une attribution par conséquent révocable. Mais c'était un contrat en ce sens , que , tant qu'il subsistait , il devait être fidèlement exécuté par tous les fonctionnaires public , par tous les citoyens.

Voyons quelles sont les peines infligées aux fautes du roi. L'article II. le déclare inviolable , et il n'y a aucune disposition qui altère cette inviolabilité ; mais voici des hypothèses prévues , et qui semblent altérer cette inviolabilité , et où le roi perdant son caractère , cessait d'être inviolable.

La première hypothèse est celle que pose l'article V. La nation impose ici au roi l'obligation de lui prêter le serment de fidélité. La rétractation de ce serment est sans doute un crime de la part du roi. Mais quelle est la peine prononcée par la constitution ? c'est que le roi sera censé avoir abdiqué la royauté ; et ce n'est pas même une peine , c'est une supposition que le roi ne veut plus l'être ; et ici les mots ne sont pas indifférens. Il est évident que la loi a évité de blesser le caractère jusques dans les termes ; les expressions sont choisies. Elle ne parle ni de tribunal ni de jugement ; elle a cru seulement devoir , pour sa sûreté , prévoir le cas où elle aurait à se plaindre des attentats du roi. Si ce cas arrive , le roi sera présumé avoir consenti à la révocation du mandat qu'on lui avait donné ; la nation est libre de le reprendre ; et cette fiction réalisée n'est pas une peine , mais un fait.

Je viens de dire que la constitution avait prévu les cas d'une rétractation de serment , d'une trahison , d'un attentat à la sûreté de la nation , en tournant contre elle la force destinée à sa défense ; elle a prévu ces cas, et que prononce-t-elle ? la présomption de l'abdication de la royauté.

L'article VII prévoit le cas de la sortie du royaume , du refus d'obéir à l'invitation d'y rentrer ; quelle peine prononce-t-il ? la présomption de l'abdication de la royauté.

Je n'ai pas besoin de définir l'abdication expresse ; l'abdication légale
est définie par les articles ci-dessus cités : il résulte de l'article VIII,
que ce n'est qu'après avoir abdiqué ou avoir commis un délit qui em-
porte la présomption de l'abdication , que le roi rentre dans la classe
des citoyens ; le roi n'était donc pas avant dans la classe des citoyens ; et son existence particulière , isolée , distincte , privilé-
giée , lui venait de la loi même ; de la loi qui lui avait imprimé le caractère sacré de l'inviolabilité , qui ne devait s'effacer pour lui qu'après
son abdication légale : et observez que la loi qui dit que le roi , ayant
abdiqué , rentre dans la classe des citoyens , venait de faire résulter
l'abdication , de quoi ? du plus grand forfait : un roi , commandant une
armée dirigée contre la nation , rentre , d'après la loi , dans la classe
des citoyens. Elle n'a pas supposé qu'on puisse le condamner à une peine ,
ou lui en faire supporter d'autre que la présomption de l'abdication.

Citoyens , combien les textes de la loi constitutionnelle , ainsi rap-
prochés , se prêtent une explication l'un à l'autre ! Le roi , rentré dans
la classe des citoyens , peut être jugé comme eux pour les actes posté-
rieurs à son abdication ; mais il ne peut pas être jugé pour les actes
antérieurs à cette abdication.

Au reste , la loi est parfaitement égale entre le corps législatif et le
roi. Le corps législatif pourrait aussi trahir la nation , abuser du pouvoir
qui lui est confié , en proroger le terme , envahir la souveraineté : la
nation avait le droit de le dissoudre , mais aucune peine n'est prononcée
ni contre le corps , ni contre les membres.

J'applique ces principes ! Louis est accusé ; il l'est au nom de la nation : il est accusé de plusieurs délits ; ces délits sont prévus par l'acte
constitutionnel , ou ils ne le sont pas : s'ils ne sont pas prévus , on ne
peut les juger , car alors il n'existe pas de loi qu'on puisse leur appliquer : s'ils sont prévus , alors l'abdication est la seule peine.

Mais je vais plus loin ; je soutiens qu'ils sont prévus par l'acte constitutionnel , car il a prévu un attentat qui les renferme tous , la guerre
faite contre la nation avec ses propres forces ; de quelque manière qu'on
l'entende , tout est là : eh bien ! pour tous ces délits , la loi ne prononce
que l'abdication présumée de la royauté.

La nation a pu changer le gouvernement de la France ; mais a-t-il
dépendu d'elle de changer le sort de Louis ? A-t-elle pu faire qu'on lui
appliquât une loi autre que celle à laquelle il s'était soumis par le mandat
qu'il avait accepté ? Louis n'a-t-il pas le droit de vous dire : « Quand la
convention s'est formée j'étais prisonnier de la nation ; vous pouviez
prononcer sur mon sort : pourquoi ne l'avez-vous pas fait ? Vous avez
aboli la royauté ; je ne vous conteste pas ce droit ; mais si vous aviez
suspendu cette déclaration , et que vous eussiez commencé par prononcer
sur mon sort , vous auriez prononcé suivant la loi existante : pourquoi
donc n'avez-vous pas commencé par là ? Ce que vous avez fait ne peut
me nuire : vous avez pu vous placer hors de la constitution ; mais vous
ne pouvez pas me juger hors d'elle. Quoi ! vous voulez me punir ; et
parce que vous avez aboli la royauté , vous voulez me priver du béné-
fice de la constitution ? vous voudriez prononcer une peine différente
de celle à laquelle je m'étais soumis ? vous voudriez en créer une pour
moi seul ? Il n'est pas , je l'avoue , de puissance égale à la vôtre ; mais
il en est une que vous n'avez pas , c'est celle d'être injuste. »

Citoyens , à cela je ne connais point de réponse. On nous dit cependant que la nation ne pouvait , sans aliéner sa souveraineté , s'ôter le

droit de punir , autrement que par la constitution , les crimes commis contre elle ; mais c'est là un équivoque dont il est bien étonnant qu'on se soit servi. La nation a pu se donner une loi constitutionnelle ; elle n'a pas pu renoncer elle-même au droit de changer cette loi, parce que ce droit était dans l'essence de la souveraineté qui lui appartenait ; mais elle ne pourrait pas dire aujourd'hui , sans soulever contre elle les réclamations de l'univers indigné : je ne veux pas exécuter la loi que je me suis donné à moi-même , malgré le serment solennel que j'avais fait de l'exécuter tout le temps qu'elle subsisterait. Lui prêter un pareil langage , c'est insulter à la loyauté nationale , et supposer que la constitution n'a été que le plus horrible piége.

On a dit que les délits dont Louis est accusé , n'étaient pas dans l'acte constitutionnel, et qu'il peut être jugé par les principes du droit naturel et du droit politique. A la première de ces assertions je réponds qu'il serait bien étrange que le roi n'eût pas le droit de tous les citoyens, celui de n'être jugé que d'après la loi, et de n'être pas soumis à un jugement arbitraire ; à la seconde , qu'il n'est pas vrai que les crimes imputés à Louis ne soient pas dans l'acte constitutionnel.

Qu'est-ce en effet qu'on lui reproche ? c'est d'avoir trahi la nation , en faisant tout ce qui était en son pouvoir pour renverser la constitution : mais elle a prévu qu'un roi pouvait l'attaquer , et elle n'a prononcé contre lui que la présomption de l'abdication de la royauté : comment pourrait-on opposer une peine plus forte à un délit moins grave ?

Je ne vois que des objections spécieuses parmi celles qu'on a élevées : je vais les parcourir toutes. Je ne vous parlerai pas de ce qu'on a dit que Louis avait été jugé en insurrection ; le sentiment , la raison , s'opposent à la discussion d'une maxime destructive de toute humanité, d'une maxime qui compromet la vie , l'honneur des citoyens , et qui est contraire à tout principe de justice. Je ne chercherai point à définir l'insurrection ; à quel signe on peut reconnaître si elle est générale ou partielle ; mais je dirai que dans tous les cas elle ne peut être un jugement, car par sa nature l'insurrection est une opposition subite à l'oppression que l'on éprouve ou que l'on croit éprouver.

Je ne parle pas non plus de ce qu'on a dit que la royauté était un crime. Le crime , en effet , serait de la part de la nation ; elle aurait dit à Louis : Je t'offre la royauté ; mais elle se serait dit à elle-même : Je te punirai de l'avoir reçue.

On a dit que Louis ne pouvait invoquer la loi constitutionnelle , parce qu'il l'avait violée. D'abord on suppose qu'il l'a violée ; je prouverai le contraire. Mais d'ailleurs la loi a présumé cette violation , et elle n'a prononcé pour peine que l'abdication présumée de la royauté.

On a dit que Louis devait être jugé en ennemi ; mais n'est-il pas un ennemi, celui qui se met à la tête d'une armée ? Eh bien ! la constitution a prévu cela , et elle n'a prononcé encore que l'abdication présumée de la royauté.

On a dit : Le roi était inviolable pour chaque citoyen , et non pas pour le peuple. Mais les fonctionnaires républicains ne pourraient donc réclamer la garantie que la loi leur a donnée ! Quoi ! les représentans de la nation ne seraient pas inviolables pour le peuple , relativement à ce qu'ils auraient dit ou fait en qualité de représentans ! Quel inconcevable argument ! On a dit encore que s'il n'existait pas de loi applicable à Louis , c'était à la volonté du peuple à en tenir lieu.

Citoyens,

Citoyens, voici ma réponse :

Je lis dans Rousseau ces paroles : « Là où je ne vois ni loi faite qu'on » puisse suivre, ni juge qui puisse prononcer, je ne m'en rapporte » point à la volonté générale ; car elle ne peut, comme volonté géné- » rale, prononcer sur un homme ni sur un fait. » Un pareil texte n'a pas besoin de commentaire.

Je ne m'arrête pas sur une foule d'opinions qu'on a publiées. Quelque chose qu'on ait dit contre l'inviolabilité constitutionnelle, on ne pourra jamais en tirer que ces deux conséquences : ou que la loi ne doit pas être entendue dans son sens naturel, ou qu'elle ne doit pas être exécutée. Au premier point je réponds qu'en 1789, quand on discuta cette question dans l'assemblée constituante, on proposa tous les doutes, toutes les objections que l'on renouvelle aujourd'hui : et cependant la loi fut adoptée telle qu'elle est dans la constitution. Donc on ne peut pas l'entendre aujourd'hui dans un autre sens : donc on ne peut pas convertir l'inviolabilité absolue qu'elle prononce, en une inviolabilité relative ou modifiée.

Je réponds au second point, que quand même la loi de l'inviolabilité, dans ce qu'elle a de plus absolu, seroit contraire aux intérêts de la nation, elle doit être exécutée jusqu'à ce qu'elle ait été révoquée, parce qu'elle a été acceptée, parce que cette acceptation absout les lé- gislateurs de l'erreur qu'on leur reproche, et parce qu'enfin, ce qui ne permet plus d'objection, elle a fait serment de l'exécuter tant qu'elle existerait.

Louis était inviolable tant qu'il était roi : l'abolition de la royauté ne peut rien changer à sa position. On peut lui appliquer la loi qui présume l'abdication de la royauté ; mais on ne peut lui en appliquer d'autres. Ainsi, concluons que là où il n'y a point de loi applicable, il ne peut y avoir de jugement ; et que là où il n'y a point de jugement il ne peut y avoir de condamnation.

Vous ne pouvez pas faire que Louis cesse d'être roi quand vous voulez le juger, et qu'il ne redevienne pas citoyen lors du jugement : si vous voulez juger Louis comme citoyen, où sont ces formes con- servatrices des droits de l'accusé ? Où est la séparation des pouvoirs ? Où sont ces jurés d'accusation et de jugement, ces ôtages que la loi donne à l'accusé en garantie de son innocence ? Où est cette faculté nécessaire de la récusation placée comme un obstacle contre les haines particulières ? Où est cette proportion de suffrages, ce scrutin silencieux qui provoque le juge à recueillir son opinion, et à converser, pour ainsi dire, avec sa conscience ? Où sont les précautions religieuses prises par la loi pour que le citoyen, même coupable, ne soit pas jugé arbitrairement ?

Je vous parlerai avec la franchise d'un homme libre : je cherche parmi vous des juges, et j'y vois des accusateurs. Vous voulez pronon- cer, et vous avez déjà émis votre vœu, et vos opinions parcourent l'Europe. Louis sera-t-il donc le seul Français pour lequel on ne suive nulle loi, nulle forme ? Louis ne jouit ni du droit de citoyen ni de la prérogative des rois : il ne jouira ni de son ancienne condition ni de la nouvelle ! Quelle étrange exception ? Je n'arrête point mes réflexions sur ces idées ; je les abandonne à votre conscience.

Je ne veux pas défendre Louis seulement par les principes ; je peux le défendre par les faits ; et je veux détruire les préventions répandues sur ses intentions.

Procès de Louis XVI   C

Je divise l'acte d'accusation en deux parties ; je parcourrai les faits qui ont précédé la constitution , j'examinerai ensuite ceux qui l'ont suivie.

Législateurs , vous remontez dans l'acte énonciatif au mois de juin 1789 ; j'y remonte aussi. Mais comment avez-vous pu accuser Louis d'avoir voulu dissoudre l'assemblée constituante ? Oubliez-vous que depuis 150 ans les princes , opposés à la convocation des états-généraux , n'osaient consulter la volonté nationale ; que seul il en eut le courage ; que seul il voulut s'environner des lumières de son peuple , et ne redouta point les réclamations qu'il pourrait faire ? Oubliez-vous les sacrifices qu'il fit avant cette convocation , tout ce qu'il retrancha à sa puissance pour l'ajouter à notre liberté ? Nous sommes loin de ce moment ; il s'est trop effacé de notre mémoire. Nous ne songeons pas assez à ce qu'était la France en 1789 ; que sans la volonté de ce prince , la nation n'aurait pas été assemblée , et que vous ne seriez pas ici à délibérer : et vous pouvez croire que le même homme qui a eu spontanément une idée si hardie et si noble , a pu en avoir une contraire un mois après ?

Vous lui reprochez les agitations de juillet , les troupes cantonnées auprès de Paris , les mouvemens de ces troupes ! je pourrais vous dire que Louis n'avait pas les intentions qu'on lui suppose ; je pourrais vous dire que les troupes cantonnées autour de Paris n'étaient là que pour garantir Paris des agitateurs ; que loin d'avoir reçu l'ordre de marcher contre les citoyens , elles avaient reçu l'ordre exprès de s'arrêter devant eux : j'ai vu moi-même cet ordre , lorsque j'eus occasion de défendre le général de ces troupes , accusé de crime de lèse-nation , et que la nation ne balança pas à absoudre. Mais j'ai une réponse meilleure encore ; et c'est la nation qui me la fournit : je la vois , le 4 août , proclamer Louis le restaurateur de la liberté française.

On lui reproche d'avoir souffert qu'en sa présence on foulât aux pieds la cocarde nationale. Il vous a répondu lui-même que ce fait odieux , qu'il ignorait , ne s'était point passé devant lui.

On lui reproche de s'être opposé à l'abolition des priviléges ; les observations sur le décret du 11 août , sa conscience les lui avait dictées ; et comment n'aurait-il pas eu alors liberté d'opinion sur les décrets , quand la nation la lui a accordée après ?

On lui reproche les événemens des 5 et 6 octobre. Citoyens , il n'y a ici qu'une réponse qui convienne à Louis , c'est de ne point rappeler cette journée : j'aime mieux vous rappeler celle du 4 février ; j'aime mieux vous rappeler qu'au mois de juillet suivant , les représentans du peuple le constituèrent chef de la fédération nationale.

Louis , dit-on , avait essayé de corrompre l'esprit public : on a dit avoir trouvé un mémoire dans lequel Talon était chargé de travailler l'opinion dans Paris , tandis que Mirabeau devait imprimer un mouvement contre-révolutionnaire aux provinces. On a dit avoir trouvé des lettres de Laporte , qui parlent d'argent répandu ; vous lui reprochez ces lettres.

J'ai ici plusieurs réponses à vous faire. D'abord , si je défendais un accusé ordinaire , je dirais qu'on ne peut pas lui opposer des pièces trouvées par l'invasion de sa maison ; j'observerais que lors du scellé même que la justice fait apposer sur les papiers d'un accusé , jamais on ne fait l'inventaire qu'en présence de cet accusé ; j'ajouterais que sans cela rien ne serait plus facile à la malveillance que d'ajouter des

pièces à la charge de l'accusé , et d'en soustraire qui pourraient le justifier ; je dirais enfin que sans cette forme sacrée de l'inventaire en présence de l'accusé , l'honneur et la liberté des citoyens seraient tous les
jours exposés aux plus grands périls.

Or , cette défense que je ferais valoir en faveur d'un simple particulier , j'ai bien le droit de l'employer en faveur de Louis , dont la
maison a été envahie et les papiers pillés. La loi ne les a point mis
sous sa sauve-garde ; il n'y a eu ni scellé , ni inventaire. On a pu
égarer les pièces qui auraient expliqué celles qu'on lui oppose aujour-
d'hui : il n'était pas présent quand on s'est saisi de ces pièces ; il a donc
le droit de ne les pas reconnaître , et on n'a point celui d'en argumenter
contre lui. Mais d'ailleurs quelles sont ces pièces ? Des lettres d'un
homme mort peuvent-elles faire preuve ? Si celui à qui elles sont im-
putées vivait , on ne pourrait les lui opposer à lui-même ; comment
peut-on les opposer à Louis ! Serait-ce parce qu'elles parlent d'argent
répandu ? Mais quand on aurait abusé de la bienfaisance de Louis , ne
sait-on pas avec quel art on trompe les rois ? Ne sont-ils pas environnés de piéges ? et Louis sera-t-il convaincu d'un crime par cela seul
que de vils intrigans auront abusé de sa munificence ?

Citoyens , Mirabeau a joui pendant sa vie , et long-temps après sa
mort , d'une popularité immense : on attaque sa mémoire ; mais une
voix s'est élevée pour la défendre. Il faut que la nation connaisse cette
défense. On parle d'un mémoire adressé à Louis , dans lequel Mirabeau
est , dit-on , nommé pour opérer un mouvement contre-révolutionnaire ;
mais un roi peut-il répondre des mémoires qui lui sont présentés ? Il
n'existe pas l'ombre d'une preuve que Louis ait adopté ces plans ou les
ait approuvés. Les apostilles , les notes marginales indiquent seulement
la date et le nom de l'auteur. Il n'en résulte rien qui puisse faire connaître l'opinion de Louis.

On lui reproche une lettre écrite en 1790 à Lafayette , pour l'engager à se concerter avec Mirabeau ; mais d'abord ce n'était qu'un
projet , la lettre n'a pas été envoyée. Mirabeau et Lafayette étaient
les hommes les plus populaires ; ils voulaient la constitution et la liberté ; ils avaient un grand ascendant sur les esprits. Louis leur demandait de se concerter ensemble pour le bien de l'Etat ; ce sont les termes du billet.

Vous lui avez reproché la lettre au général Bouillé , du 4 septembre
de la même année. Mais ici Louis n'a point à se disculper ; il a suivi
l'exemple de la nation : ses représentans avaient décrété des remercie-
mens à Bouillé. Le lendemain , Louis écrivit pour l'exhorter à rendre
toujours à la nation de pareils services. Comment peut-on le blâmer
d'avoir pensé et agi comme les représentans de la nation ?

Vous lui avez demandé compte du rassemblement fait aux Tuileries
le 28 septembre 1791 ; mais ce rassemblement n'était pas du fait de
Louis. Des hommes d'un zèle ardent , ajoutant trop de foi à des bruits
incertains , croient voir du danger pour sa personne , et se réunissent
autour de lui. Il ne peut prévenir leur rassemblement , mais il en arrête les suites , leur fait déposer les armes , et est le premier à calmer
l'inquiétude du peuple.

Vous lui avez reproché son voyage à Varennes. Louis a dit ses motifs à l'Assemblée Constituante , et je m'en réfère aujourd'hui comme
lui à ses explications.

Vous lui avez reproché d'avoir répandu le sang au Champ-de-Mars.

Quoi ! vous l'accusez d'avoir versé le sang au Champ-de-Mars ! Vous voulez que ce sang retombe sur lui ! Avez-vous oublié que ce malheureux prince était alors suspendu de ses fonctions ? Enfermé dans son palais, prisonnier de la nation, sans aucune communication au-dehors, gardé à vue, où étaient donc pour lui les moyens de conspirer ?

Enfin, vous lui avez reproché d'avoir payé des libelles, d'avoir soutenu la cause des émigrés. Je reviendrai bientôt sur les émigrés, et je n'aurai pas de peine à prouver que jamais il n'a soutenu leur cause. Quant à présent, je me bornerai à dire que ce n'est pas chez Laporte qu'on a trouvé les écrits qu'on lui présente ; que c'est chez son secrétaire, qui n'était pas connu de lui : mais quand Louis aurait fait de même tout cela pour ramener l'opinion que tant de factieux alors égaraient, où serait le reproche à lui faire ? La nation a décrété la république ; mais ce n'était pas cette forme de gouvernement qu'elle voulait alors, et c'étaient les républicains qui attaquaient la constitution. L'Assemblée Législative ne s'était-elle pas elle-même élevée contre ce sysrême au mois de juillet ? La nation voulait la constitution : on pouvait donc écrire pour la soutenir ; on le devait même. Louis, comme chef suprême, était obligé d'en surveiller le dépôt ; il a dû diriger l'opinion publique et la ramener. Si dans l'exécution des vues qu'on lui a présentées, qu'il avait adoptées, on l'a trompé, on a abusé de sa confiance ; si on a répandu des opinions dangereuses, au lieu d'en répandre d'utiles, peut-on l'en accuser lui-même ?

Je viens de justifier Louis de tous ces faits, et je n'ai pas encore prononcé le mot qui seul pouvait effacer toutes ces erreurs : je n'ai pas dit que depuis tous ces faits il avait accepté la constitution : ce mot suffit pour répondre à tout. La constitution était le pacte nouveau de l'alliance ; ce pacte solennel n'a pu se faire sans une confiance réciproque et absolue. Il n'y avait plus alors de nuages entre le peuple et le roi : le passé n'existait plus, les soupçons étaient dissipés, les passions évanouies ; en un mot, tout était oublié. On ne peut donc plus rappeler tout ce qui a précédé la constitution. Examinons tout ce qui l'a suivie.

Je distingue ici faits compris dans l'acte d'accusation en deux classes : les faits dont Louis n'était pas chargé de répondre, et qui regardent les agens que la constitution lui avait donnés ; et les faits qui lui sont personnels.

J'écarte les faits qui regardaient la responsabilité des ministres : il ne serait pas juste de rendre Louis responsable d'objets dont la constitution ne lui avait pas demandé la garantie. Elle avait créé la responsabilité des ministres pour l'en affranchir ; c'était sur eux seuls qu'elle avait dit que sa vengeance tomberait, s'il se commettait quelqu'attentat contre elle ; elle avait d'ailleurs, et par cela même, enchaîné le pouvoir suprême. Sa signature seule n'était d'aucune valeur, si l'un de ses agens n'y joignait la sienne ; il n'est donc pas étonnant que la loi ne lui ait demandé aucune garantie ; on n'a donc pas le droit d'accuser le roi et ses ministres pour les mêmes faits.

Cependant, en jetant un coup-d'œil sur les faits ministériels qui sont dans l'acte d'accusation, il est bien facile de voir que les imputations ne sont pas fondées. Par exemple, on reproche à Louis de n'avoir fait part de la convention de Pilnitz que quand elle était connue de toute l'Europe. D'abord c'était un traité secret entre l'empereur et le roi de Prusse : le gouvernement n'avait aucune communication,

aucune preuve de son existence ; on n'en était instruit que par des
notes de différens agens placés dans les cours étrangères. Qui pût faire
la loi au pouvoir exécutif de donner connaissance à une assemblée dont
toutes les opérations étaient authentiques , d'une convention qui ne
pouvait pas exister ? Eh bien ! cette connaissance , qu'on ne pouvait
donner à l'assemblée parce qu'on avait des doutes , elle fut donnée à
son comité diplomatique aussitôt les premières nouvelles reçues. J'invoque le dépôt des affaires étrangères , où on trouvera la preuve de
ces faits. On verra que les premières pièces relatives à la convention de
Pilnitz avaient à peine été remises au roi , que le comité diplomatique
en était prévenu ; j'en ai moi-même les preuves entre mes mains.

On a fait un autre reproche à Louis ; c'est d'avoir envoyé à Arles
des commissaires contre-révolutionnaires. Louis a fait à cela une réponse très-juste : Il a dit que ce n'était pas par les actes de ces commissaires qu'on devait juger l'intention du gouvernement , mais par les
instructions qu'ils avaient reçues. Vous n'accuserez pas ces instructions :
vous ne pouvez donc pas accuser le gouvernement. Vous avez reproché
à Louis d'avoir retardé d'un mois l'envoi du décret qui réunissait Avignon
à la France : citoyens , l'Assemblée Législative a fait le même reproche
à Lessart ; c'était un des chefs d'accusation intentés contre lui. Lessart
n'est plus ; il a péri au moment où il préparait pour l'Europe une
justification éclatante ; et il avait annoncé que cette justification , à laquelle il travaillait dans le secret de sa prison , ne laisserait pas le
moindre nuage sur sa conduite. Pouvez-vous renouveler contre sa mémoire une imputation dont la mort défend l'éclaircissement ? On a reproché à Louis les troubles de Nîmes , de Montauban , de Jalès : mais
est-ce donc à lui à répondre de tous les orages qu'une grande révolution
doit nécessairement exciter ? Il est impossible qu'il n'y ait pas de trouble
dans un pays dont on change le gouvernement , et sur-tout dans les pays
méridionaux , où les têtes sont plus exaltées. Ce qui a donné lieu à cette
imputation , c'est qu'on a cru que les princes , ses frères , ayant des
liaisons avec Dusaillant , il pourrait bien en avoir lui-même. C'est une
erreur, et vous allez en juger par les pièces qui ont été communiquées
à Louis , car on y remarque un pouvoir donné à Dusaillant par les
princes , pour emprunter une somme de 300,000 liv. Or , l'on conçoit
que si Louis avait été d'accord , il n'aurait pas réduit les conspirateurs à
emprunter , sans la trouver , une somme si peu considérable , et qu'il
aurait fourni toutes celles nécessaires à cette conspiration.

Au reste , à mesure que les troubles du Midi sont venus à la connaissance du gouvernement , il en a instruit l'assemblée ; il a employé tous
les moyens qu'elle a décrétés ; et la preuve en est que ces troubles ont
été apaisés par les moyens qu'employa le gouvernement.

On a voulu faire un crime à Louis d'une lettre écrite par Wigenstein ; mais cet officier était rappelé , et cet écrit était postérieur à son
rappel ; il n'a pas été employé depuis cette époque ; et Louis ne pouvait pas empêcher Wigenstein de lui écrire : tout ce qu'il pouvait faire,
c'était de ne plus l'employer. On a parlé du commandement de la Corse;
il ne l'a jamais eu : on vous a parlé d'un grade dans l'armée du Nord ;
il est possible que Lafayette l'ait demandé ; mais la commission n'a pas
été expédiée ; Wigenstein resta à Paris jusqu'à sa mort.

On a reproché à Louis les comptes de Narbonne , au sortir de son
ministère. Narbonne était seul responsable , l'assemblée législative déclara qu'il emportait les regrets et l'estime de la nation.

(22)

On lui a reproché d'avoir détruit la marine , d'avoir conservé le ministre Bertrand , malgré les observations de l'assemblée législative. Bertrand a réfuté lui-même ces observations , et tant que l'assemblée nationale ne l'a pas accusé , Louis pouvait lui conserver sa confiance.

On lui a reproché les désastres de nos colonies ; je ne crois pas avoir besoin de l'en justifier.

On lui a reproché de n'avoir donné connaissance des hostilités du roi de Prusse , qu'au moment où elles étaient inévitables. Louis a répondu qu'il avait averti l'assemblée , dès qu'il en avait eu connaissance ; et le dépôt des affaires étrangères en fournit les preuves.

On lui a reproché la reddition de Longwi et de Verdun ; je réponds , quant à Longwi , que ce sont les habitans qui se sont rendus ; et quant à Verdun , qui a donc nommé ce commandant , aujourd'hui si célèbre par son héroïsme , ce brave Beaurepaire , si ce n'est Louis ?

On l'accuse d'avoir laissé avilir la nation de toute l'Europe. Je demande pour lui qu'on compulse le dépôt des affaires étrangères ; on y verra , pour sa justification , qu'aussitôt qu'une insulte a été faite à quelques Français , le gouvernement en a exigé la réparation. Le temps nous a manqué pour faire nous-mêmes ces recherches ; mais Louis atteste que ces preuves existent.

On lui a reproché enfin d'avoir retenu les Gardes suisses ; malgré la constitution et les décrets qui le défendaient.

Pour répondre à cette imputation , il suffit de citer le premier décret du 17 septembre , qui ordonne que les Gardes-suisses resteront dans le même état ; deux autres du 15 janvier , la lettre de d'Affry , du 17 ; un autre décret qui ordonne que les deux bataillons du régiment se retiront à 30,00 toises de la capitale ; une seconde lettre de d'Affry , qui , placé entre les capitulations helvétiques et la volonté de l'assemblée , envoie de nouvelles observations , le 4 août.

L'assemblée passe à l'ordre du jour , et le décret est exécuté.

Citoyens , voilà les faits qui regardaient les ministres. Louis aurait pu se dispenser d'y répondre ; mais j'ai voulu prouver au peuple que , dans les cas mêmes où Louis ne devait pas de garantie , il s'était toujours conduit comme s'il eût été obligé par la loi d'en offrir une.

Je passe aux faits qui peuvent être considérés comme regardant Louis. Ici , législateurs , le temps m'oblige de presser ma marche ; je répondrai à tous les faits qui concernent Louis , mais avec moins de détails que si nous avions eu plus de temps pour préparer cette défense. Nous voulons ici éclairer le peuple , le ramener , dissiper ses préventions ; et en abandonnant tous les mouvemens oratoires , c'est un sacrifice de plus que nous faisons à Louis.

On accuse Louis d'avoir refusé sa sanction au décret du camp de Paris et à celui des prêtres : je pourrais d'abord observer que la constitution laissait au roi la sanction libre , et qu'en supposant que Louis se fût trompé sur les motifs de son refus , on n'avait pas le droit de lui demander raison de son erreur , encore moins de la lui reprocher comme un crime. Mais en écartant cette réflexion , Louis craignait des troubles ; ce décret donnait des alarmes à la garde nationale ; les opinions de la capitale étaient divisées ; une grande partie de ces opinions paraissait justifier le décret ; un plus grand nombre semblait le combattre ; le conseil n'était par d'accord ; Louis crut devoir refuser sa sanction : mais en même temps il forma le camp de Soissons ; et par l'événement , cette combinaison est celle qui a rendu les plus grands

services à la nation. Le camp de Paris lui eût été inutile. A l'égard
du décret sur les prêtres , citoyens , on ne force pas la conscience. En
sanctionnant ce décret, Louis eût craint de blesser la sienne : peut-être
s'est-il trompé ? mais son erreur est vertueuse ; et en blâmant le résultat , il faut en respecter les principes.

Rappelez-vous la journée du 20 juin : voyez avec quel courage il
soutint son opinion ; combien d'autres eussent cédé à des appareils de
péril aussi menaçans ! Eh bien ! Louis a écouté sa conscience et non la
peur ; il a constamment résisté ; et si quelque chose peut justifier son
refus aux yeux mêmes de ceux qui lui en font un crime, c'est sa per-
sévérence dans ce refus.

Ne croyez pas , d'ailleurs , que cette opinion de Louis sur les prêtres
fût une opinion isolée , et que son conseil ne la partageât pas. Le ministre Morgues lui écrivait , dans la même journée du 20 juin , que
ce décret n'était ni suivant les principes, ni suivant son cœur. On lui
a opposé , à l'occasion des prêtres , un mémoire qu'on dit avoir été
écrit de Rome , où le pape réclame ses droits sur Avignon : et comment Louis aurait-il pu empêcher le pape de lui envoyer un mémoire ?
On lui a opposé également une lettre qu'il écrivit en 1791 à l'évêque de
Clermont ; mais elle ne contenait qu'une opinion purement religieuse ,
et par conséquent libre. Cette liberté est écrite dans la constitution.
Louis écrivait cette lettre avant d'avoir accepté la constitution ; et il a
pu l'accepter sans la croire exempte d'erreurs. Il espérait , a-t-il dit à
cette époque, des réformes légales ; mais il y a loin de ces réformes légales , à l'intention de détruire ou de renverser.

On a reproché à Louis d'avoir continué à solder sa garde , dont l'assemblée avait ordonné le licenciement. Citoyens , ici se présentent plusieurs réponses.

D'abord, on ne peut pas nier que Louis aurait pu refuser sa sanction à ce décret qui licenciait cette garde , puisqu'il la tenait de la constitution elle-même , et qu'on ne pouvait la lui ôter que de son aveu. Cependant l'assemblée demanda le licenciement ; il est ordonné : mais
comme ce décret portait la faculté de recomposer cette garde des mêmes
sujets , il fallait bien leur conserver à tous leur traitement jusqu'à sa re-
composition. C'était un acte d'humanité envers ceux qui n'auraient pu
rentrer ; c'était un acte de justice par rapport aux sujets qu'on aurait
cru dignes d'y reparaître ; et d'ailleurs , il l'a fait par une ordonnance
publique.

On a reproché à Louis d'avoir donné des secours aux émigrés , d'avoir
intrigué avec ses frères ; d'avoir favorisé , par ses ambassadeurs , la coalition des puissances étrangères ; d'avoir influencé la cour de Vienne. Je
réponds d'abord que dans tous les actes publics du gouvernement , Louis
a témoigné la plus forte indignation contre l'émigration , et qu'il l'a toujours combattue par ses proclamations publiques , par ses relations avec
l'étranger. Le temps m'a manqué pour en faire le dépouillement ; je puis
toujours citer un fait remarquable que ce dépôt me fournit. Au mois de
novembre 1791 , les émigrés avaient voulu faire acheter à Francfort des
canons et des munitions : les habitans de Francfort refusent. Louis en est
informé par son résident ; le jour même il fait écrire aux magistrats de
Francfort , pour les remercier de la sage conduite qu'ils avaient tenue
dans cette occasion ; et les engager à redoubler d'efforts et de soins
pour empêcher les émigrés de se procurer des armes et des munitions.
Voilà pour les actes publics.

Maintenant y a-t-il des actes privés? On parle de secours d'argent: Citoyens, il n'y a pas un seul émigré à qui Louis ait donné le moindre secours pécuniaire; il a fourni à l'entretien de ses neveux dès l'instant que leur père a cessé de pouvoir y fournir; mais qui pourrait lui en faire un crime? D'abord l'un n'avait que onze ans, et l'autre que quatorze, lorsque leur père sortit de France. D'ailleurs peut-on regarder comme émigrés des enfans de cet âge, qui suivent leur père? En second lieu, point de loi encore à cette époque qui eût fixé l'âge de l'émigration. La Convention nationale vient d'en faire une; mais elle n'existait pas alors. En troisième lieu, depuis le décret qui déclarait les biens des émigrés appartenans à la nation, tous les biens de leur père étaient enveloppés dans les biens nationaux: et ils étaient ses neveux. Lui était-il défendu de sentir la nature? Et parce qu'il était roi, fallait-il donc qu'il cessât d'être parent, d'être homme? Il a fait quelques dons particuliers à la gouvernante de ses enfans, sortie de France depuis 1789. Il en a fait à un des Menins qui avaient élevé son enfance (Choiseul-Beaupré.) Il était en Italie, et n'a jamais porté les armes contre sa patrie. Il en a remis à Rochefort; mais Rochefort n'est point émigré. Il a fait passer une somme à Bouillé: c'était pour le voyage de Montmédi.

On a dit qu'il avait donné de l'argent à Hamilton; il lui devait, par justice, le dédommagement des pertes qu'il avait faites dans le voyage de Montmédi, que par sa situation il était dans l'impossibilité de supporter. On a dit que Bouillé avait remis à Monsieur une somme de 600,000 liv.; législateurs, le croiriez-vous? c'est une phrase amphibologique qui a donné lieu à cette imputation. L'ordre porte ces mots: « Remis à Monsieur, frère du roi, *par son ordre.* » Cet ordre est évidemment celui de Monsieur, et non celui de Louis. La vérité est que si on nous avait communiqué les pièces qui ont été remises par Bouillé, et qu'on a trouvées dans le portefeuille de Monsieur, on aurait eu la preuve authentique, que jamais Louis n'a fait passer à Monsieur aucun secours pécuniaire; tout ce qu'il a fait, c'est d'avoir cautionné une avance faite à son autre frère, d'une somme de 400,000 liv. en 1789: on n'a pas rougi de lui en faire un crime; on lui a reproché le cautionnement d'un acte de bienfaisance, destiné à soutenir le commerce de la librairie: toutes ces libéralités honorent son cœur et ne peuvent faire suspecter ses principes.

On lui a reproché d'avoir influencé la Cour de Vienne; et pour le prouver, on cite une lettre de Dumoutier à Breteuil, qu'on suppose avoir seul connu la volonté de Louis. Et d'abord Dumoutier était bien l'agent des princes auprès des puissances étrangères, mais n'était pas celui de Louis. En second lieu, cette opinion même n'est pas la preuve de la complicité de Louis; et enfin, quand on irait jusqu'à regarder cette allégation comme une preuve, où est donc celle que cette volonté non désignée fût de nature à motiver une accusation?

On a cité une lettre de Toulongeon à Louis, d'où l'on a prétendu induire que Louis approuvait sa conduite; mais cette lettre est suspecte: car on y parle d'un Valery, neveu de Toulongeon, lieutenant-colonel, et l'on assure que Valery n'est que le cousin de Toulongeon, et n'est pas lieutenant-colonel. Toulongeon se serait-il donc ainsi trompé sur sa famille? En tenant la lettre pour valable, où donc est la preuve que Louis approuvait la conduite de Toulongeon? Peut-on l'accuser d'une assertion étrangère, et n'est-il pas assez clair que c'est aux frères de Louis que Toulongeon écrivait? Au reste, à quoi conduisent toutes

ces

ces accusations dont les bases sont puisées dans les lettres ? On va en juger par un exemple tiré de la lettre de Choiseul-Gouffier, où il paraît offrir ses services aux princes. On en a conclu que Choiseul-Gouffier étant l'agent de Louis, il agissait pour lui, je ne veux vous répondre à cette imputation que par la lettre même de Choiseul-Gouffier. Cette lettre prouve en effet deux choses : la première, que deux mois avant son rappel, Choiseul avait déjà offert ses services aux princes, et qu'il n'en avait pas reçu de réponses.

La seconde, c'est que c'est trois jours après son rappel que Choiseul-Gouffier s'était déterminé à offrir de nouveau ses services, et à former des projets contre l'ambassadeur national qui était nommé pour le remplacer. C'était Choiseul qui écrivait et qui agissait ; c'était Choiseul qui, rappelé par Louis, offrait aux princes ses services, et cherchait tous les moyens de conserver sa place malgré son rappel ; et c'est Louis qu'on accuse !

Enfin, on a opposé à Louis un billet sans date, qu'on affirme avoir été écrit de la main de ses frères, et qu'on assure avoir été trouvé parmi ses papiers. Louis a déclaré qu'il ne pouvait ni avouer, ni contester le fait : 1°. le billet est un acte de ses frères, et non pas de lui ; 2°. le billet prouve qu'il n'avait pas de relation avec eux ; car il ne suppose ni nouvelles reçues avant, ni réponses faites après ; 3°. la dernière phrase en reporte la date à l'époque de la détention de Louis en 1791 ; et, comme on voit, cette date suffirait pour détruire ce chef d'accusation.

Je ne m'arrêterai pas sur cette accusation d'accaparement, dont vous-mêmes avez rendu justice à Louis : vous n'en avez fait qu'une question, et il a dû vous en marquer son étonnement. La circonstance qui a servi de base à cette inculpation, est extrêmement simple : Louis, comme tous les rois, avait une somme particulière qu'il destinait à des actes de bienfaisance. En 1790, il la confia à Septeuil avant même qu'il fût trésorier de la liste civile ; et Septeuil, qui ne voulait pas être soupçonné d'en avoir profité lui-même, l'avait placée d'abord en papiers sur Paris, puis sur l'étranger. Dans l'intervalle, il en rendit compte, afin de pouvoir payer les sommes pour lesquelles Louis devait tirer sur lui des mandats. Voilà les faits : Louis atteste qu'ils sont vrais ; et rien, dans les papiers, ne prouve le contraire. Tout ce que présentent ces papiers, c'est une spéculation de Septeuil qui, ayant dans ses mains des fonds à lui appartenans, a acheté des marchandises chez l'étranger ; et Septeuil a déclaré que cette spéculation lui était particulière.

Je ne m'arrêterai pas aux compagnies contre-révolutionnaires qu'on a accusé Louis d'entretenir dans Paris. Jamais Louis n'est descendu dans de pareils détails. Jamais, comme il l'a déclaré, il n'a eu d'intentions contre-révolutionnaires. Les ministres ont pu vouloir connaître plus particulièrement la situation de Paris et avoir des espions. Ils ont pu salarier des journaux utiles ; mais c'était l'acte des ministres et de Louis ; et eux-mêmes agissaient dans des vues constitutionnelles.

Vient enfin le reproche de subornation des membres de l'assemblée législative. On a accusé Louis d'avoir voulu faire passer, par des voies corrompues, le décret relatif à la liquidation des charges de la liste civile. Vous-mêmes ne l'avez pas cru. D'ailleurs, je pourrais demander si la lettre est sincère ; si elle a été véritablement écrite par l'administration de la liste civile ; si elle a été adressée à Septeuil ; si on peut argumenter d'une lettre dont l'auteur n'a pas reconnu l'authenticité ; si l'on peut interpréter contre sa mémoire le sens d'une phrase qu'il au-

tait interprétée lui-même peut-être dans un sens différent, s'il existait
encore. Mais pourquoi des considérations de ce genre, lorsque je puis
répondre avec un seul mot ? Le fait est qu'il résulte des pièces communiquées à Louis, que c'est lui seul qui a empêché le décret présenté à l'assemblée nationale. Les pièces prouvent qu'il en avait montré de la co-
lère quand on le lui avait proposé. Quel eût donc été le motif qui aurait pu le déterminer à faire rendre un pareil décret ? Je ne parle pas de
son caractère, qui répugne à toute mesure lâche ; je parle de son intérêt : où était-il ? Si Louis avait voulu se débarrasser de ces pensions,
qui l'eût empêché d'en refuser le paiement ? L'homme capable d'exécuter
une corruption criminelle qui peut lui nuire, n'est-il pas capable aussi de
de faire une injustice qui le mettrait à l'abri de tout danger ? En un mot,
on conçoit la corruption qui tourne au profit de l'intérêt personnel,
malheureusement le cœur humain en fournit la preuve ; mais la corruption
qui laisse après elle la trace de la bassesse, et dont le profit est
pour autrui, il est impossible d'en concevoir l'idée.

On a fait à Louis une imputation qui, dans le premier moment, a
dû exciter une grande fermentation dans le peuple : on l'a accusé d'avoir
continué à payer ses gardes-du-corps à Coblentz. En examinant cette
imputation, législateurs, je ne balance pas à le déclarer, elle avait fait
sur moi une impression bien douloureuse ; j'avais osé, avant d'avoir été
choisi pour le défenseur de Louis, suspecter sa bonne foi ; j'avais osé
élever des doutes sur son intention. Je m'accuse de mon erreur ; la défense de Louis m'a éclairé, et je viens aux yeux de la France lui faire la
réparation solennelle que je lui dois.

» Aucun de vous n'a oublié que toutes les pièces imprimées se rap-
portent au mois d'octobre 1791 ; et les lettres de Coblentz portent cette
date : eh bien ! voici ce qu'écrivait, le 24 novembre suivant, l'administrateur de la liste civile au trésorier : « L'intention de S. M. est que
les gardes-du-corps soient payés de leur traitement actuel, jusqu'à ce
qu'elle ait statué sur leur sort ; mais S. M. entend que le montant de
ce traitement ne soit plus délivré en masse à l'état-major, mais que
chaque individu soit payé à la caisse de la liste civile sur sa quittance,
ou sa procuration, en y joignant un certificat de résidence dans le
royaume. S. M. m'a chargé de vous transmettre ses ordres à l'égard des
officiers et autres employés du ci-devant régiment des Gardes-Françaises,
auxquels elle continue un traitement ; je vous préviens qu'elle a ordonné
de cesser toute dépense relative aux gardes-du-corps, autre que celle des
traitemens conservés et de la subsistance des troupes. »

» Il est inutile de m'arrêter sur un pareil fait. Vous voyez qu'il fait
disparaître jusqu'à la trace de cette inculpation dont Louis a été la victime si malheureuse. Je ne puis cependant vous taire une réflexion qu'elle
fait naître. Toutes les pièces qui forment la base de l'imputation, ont reçu
la plus grande publicité ; on a dénoncé Louis à la France ; on l'a dénoncé à l'Europe ; on a ordonné l'impression de tous les états, et
la pièce qui suffirait seule pour le justifier, est la seule qui soit restée
ignorée ! Les papiers de l'administrateur de la liste civile ont été saisis ;
l'original devait être dans ses papiers : c'était son titre et sa garantie. On
trouve tout dans ses papiers, excepté cet ordre ; heureusement pour
Louis, qu'il s'en rappelle lui-même la date ; qu'il se rappelle la lettre
écrite à Septeuil, et il s'est fait délivrer dans les bureaux une expédition
authentique qu'il produit aux yeux de l'Europe.

Jugez, citoyens, par le caractère de cette inculpation, jugez quel avantage aurait eu Louis, si l'on n'eût pas enlevé des papiers dans l'invasion de son domicile : s'il eût pu assister à l'inventaire ; s'il avait pu réclamer les pièces trouvées parmi celles qu'on lui a représentées ; s'il avait pu opposer celles dont sa mémoire ne lui a pas fourni le souvenir. Jugez avec quelle force il aurait repondu à tous ces faits, quels éclaircissemens satisfaisans il vous eût donnés ; quelle lumière il eût répandue sur ces accusations ténébreuses, qui ont pu recevoir quelque consistance par l'ombre des preuves présentées. Combien ses défenseurs ont à regretter de n'avoir pas eu tous les secours nécessaires ! Jugez quels moyens nous aurions pu vous fournir dans l'abondance des pièces ! Par les moyens de notre dénuement, jugez ce qu'a dû coûter à notre cœur l'impuissance de nos efforts, l'excès même de notre zéle, et combien il a été déchirant pour nous de répondre à l'Europe de la destinée de Louis, et de ne sentir que la grandeur de cette importante fonction, et la douleur de ne pouvoir la remplir !

» J'arrive enfin à cette désastreuse époque du 10 août.

» Ici je vous prie de ne pas considérer les défenseurs de Louis comme de simples défenseurs. Nous aussi nous faisons partie du peuple, nous éprouvons ce qu'il éprouve, nous voulons ce qu'il veut, nous sommes citoyens, nous sommes Français : nous avons pleuré avec le peuple, et nous pleurons encore tout le sang qui a coulé dans la journée du 10 août ; et si nous avions cru Louis coupable, vous ne nous verriez pas aujourd'hui à cette barre, avec Louis, lui prêter l'appui de notre courageuse véracité. Mais Louis est accusé du plus affreux délit : il importe de l'en justifier aux yeux de la France ; aux yeux de l'Europe. Toutes les opinions sont déjà faites, toutes les préventions sont reçues, et il faut que vous l'entendiez comme si vous étiez étrangers à cette scène ; vous le devez, puisque vous vous êtes créés ses juges. Législateurs, tous vos succès depuis cette journée, que vous avez appelée immortelle, vous auraient permis d'être généreux : je ne vous demande que d'être justes.

Vous vous rappelez la journée du 20 juin ; Louis refusa de céder au vœu de la multitude qui avait pénétré en armes dans son château. On sème le bruit des complots ; on suppose le projet d'enlever Louis ; on prête à ce parti de vastes projets : on parle de préparatifs, de dépôts d'armes ; on fait à la municipalité des dénonciations ; elles s'accumulent ; elles s'y multiplient ; la fermentation s'accroît ; le mois de juillet se passe dans ces agitations. Cependant Louis s'occupe de les calmer. Il avait voulu d'abord laisser tomber ces bruits : cependant la prudence lui apprend qu'il ne faut pas les dédaigner ; il veut rassurer le peuple sur des inquiétudes même chimériques ; il s'offre lui-même aux recherches. Il écrit au maire, le 26 juillet, pour l'inviter à faire la visite du château ; le maire répond qu'il donnera des ordres aux officiers municipaux : la visite ne se fait point. Louis écrit à l'Assemblée nationale ; il lui rend compte de sa lettre au maire, et de la réponse de celui-ci. L'Assemblée ne prononça rien. Pendant ce temps, les soupçons s'accroissent par les précautions mêmes que Louis avait prises pour les arrêter ; les mêmes plaintes se renouvellent ; les dénonciations recommencent ; le bouillonnement des esprits augmente ; on ne parle plus de la déchéance de Louis, on la demande. Les commissaires des quarante-huit sections s'assemblent et rédigent une adresse ; elle est présentée le 3 août ; le maire de Paris était à la tête de la députation qui venait prier l'assemblée d'accorder la déchéance de Louis au vœu du peuple. Bientôt on veut l'arracher ; on fixe le jour où elle doit être prononcée : on annonce que si

elle ne l'est pas dans la nuit du 9 au 10, le tocsin sonnera, la générale
battra, et que l'insurrection du peuple aura lieu.

Louis sentit bien que sa position était difficile ; il voyait le mouvement des esprits ; il était informé de l'état de Paris ; il craignit l'erreur
de la multitude ; il craignit la violation de son domicile ; il prit des
mesures défensives ; il s'entoura de la garde nationale ; il plaça les Suisses
dans le château ; il entretint une correspondance exacte avec les autorités populaires : la municipalité, le département sont appelés. Louis
s'environne de secours et des lumières des magistrats les plus en faveur
auprès du peuple. On jette dans l'esprit de Louis des alarmes ; on parle
de rassemblement ; on lui fait craindre pour la nuit même : Louis re-
double de précautions ; la garde nationale est doublée autour du château.
Le maire visite les postes. Bientôt le tocsin sonne ; le peuple accourt ;
quelques heures se passent dans l'agitation. Les magistrats requièrent, au
nom de la loi, les gardes nationales de ne point quitter leurs postes.
Vers le matin, la marche du peuple commence ; il traîne des canons ; il
va au château. Le peuple est là. Le procureur-général-syndic, les officiers municipaux parlent à la multitude, ils l'exhortent à respecter Louis
qui est une autorité constituée. Leurs exhortations sont sans effet. Les
magistrats se représentent devant la troupe ; ils leur font lecture de la
loi ; ils leur ordonnent, sans doute à regret, de repousser la force par
la force. Les canonniers, pour toute réponse, déchargent leurs canons
devant eux. Le procureur-général-syndic rentre ; il ne dissimule plus à
Louis le danger qu'il court. Déjà Louis avait envoyé ses ministres à
l'assemblée nationale, pour l'engager à le tirer de la situation où il se
trouvait, pour solliciter le secours d'une députation ; il n'en reçoit point
de réponse. Il lui fait part de nouveau de sa situation ; l'assemblée ne
prononce pas. Le procureur-général-syndic invite Louis à se rendre dans le
sein de l'assemblée nationale. Il s'y rend, une heure après, nos malheurs
commencent.

Citoyens, voilà les faits ; ils sont constatés dans tous les écrits publics : ils sont recueillis dans le procès-verbal de l'assemblée nationale :
je n'y ai rien ajouté.

Citoyens, montrez-vous hommes justes : oubliez, s'il est possible,
les affreux résultats de cette affreuse journée, n'en cherchez avec moi
que les causes, et dites-moi : où est donc le délit qu'on impute à Louis ?
Ce délit ne peut être que dans ce qui a suivi la retraite de Louis à l'Assemblée nationale, ou dans ce qui a précédé.

Je dis que le délit ne peut pas être dans ce qui l'a suivie : il n'est sorti
de l'asile qu'il y avait trouvé que pour entrer dans la prison où il est
détenu.

Comment ce combat s'est-il engagé ? Je l'ignore : peut-être l'histoire
l'ignorera aussi ; mais au moins Louis ne peut pas en répondre.

Le délit est-il dans ce qui a précédé sa retraite ? Mais alors quelles
sont ces circonstances ? Vous avez parlé d'intentions hostiles : où en
sont les preuves ? quels sont les faits ? quels sont les actes dont vous
arguez ? Vous dites qu'il y avait un complot de transporter Louis et
l'Assemblée hors de Paris ; où est la preuve de cette assertion ? Je
vois des préparatifs de défense ; mais où sont les préparatifs d'attaque ?
Qu'a fait Louis pour être convaincu d'agression ? On lui reproche d'avoir
conservé les Suisses jusqu'à cette époque ; mais je vois dans le procès-
verbal de l'Assemblée nationale du 4 août, qu'un membre ayant proposé de décréter qu'en donnant aux Suisses les témoignages de la recon-

naissance et de l'estime publiques ; le Roi ne pourrait plus les avoir pour sa garde. J'y lis encore : que pour déterminer l'Assemblée à les éloigner, on lui proposait de déclarer qu'ils avaient bien mérité de la patrie, et qu'aucune de ces propositions ne fut décrétée.

Louis est donc resté dans la situation où le mettait le décret du 15 septembre, rendu par l'Assemblée constituante, qui ordonnait que jusqu'au renouvellement des capitulations, les Suisses conserveraient leur organisation et leur mode de service. Louis pouvait donc avoir des Suisses pour sa garde.

On lui reproche d'avoir fait la revue des troupes : eh bien ! reprochez donc aussi au maire d'avoir fait la visite des postes.

Louis était une autorité constituée, il devait compte de sa sûreté à la loi.

Comment peut-on lui reprocher d'avoir pris des précautions pour se garantir ? On lui reproche d'avoir placé des troupes dans son château : mais fallait-il donc qu'il se laissât forcer par la multitude ? fallait-il obéir à la force ? et le pouvoir que la constitution lui avait remis, n'était-il pas un dépôt que la loi lui ordonnait de défendre ?

Citoyens, si dans ce moment on vous disait qu'une troupe égarée marche vers vous ; que, sans respect pour votre caractère sacré de législateurs, veut vous arracher de ce sanctuaire sacré, que feriez-vous ?

On a imputé à Louis des desseins d'agressions hostiles ; il ne faut qu'un mot pour le justifier. Celui-là est-il agresseur, qui, forcé de lutter contre le peuple, s'environne des autorités populaires ? veut-on le malheur du peuple, quand, pour arrêter ses mouvemens, on ne lui oppose que ses propres défenseurs ? Mais que parlé-je ici d'agression ? Pourquoi laisser si long-temps l'incertitude planer sur la tête de Louis ? Est-il donc ignoré que depuis long-temps avant le 10 août on préparait cette journée ? On la méditait, on la mûrissait dans le silence ; on croyait en sentir la nécessité.

Je sais qu'on a dit que Louis avait provoqué lui-même le mouvement du peuple ; mais qu'est-ce qui ignore qu'il a été formé des plans, signé des traités ; qu'on a tout conduit, tout arrangé pour amener cet événement ; que la coalition avait ses agents, son cabinet, son directoire ? Les aveux en ont retenti dans la France entière, au milieu de vous. A cette tribune même on s'est disputé la gloire du 10 août. Je ne viens point contester cette gloire à ceux qui se la sont décernée ; mais puisqu'il est prouvé que la révolution a précédé long-temps le 10 août, puisque cela est certain, avoué, il est impossible que Louis soit l'agresseur ; et vous l'accusez cependant ! et vous lui reprochez le sang qui a coulé ! vous voulez que ce sang crie vengeance contre lui, qui, à cette époque-là même, se rendit à l'Assemblée nationale pour ne pas le verser ; contre lui, qui, à Varennes, a préféré revenir captif, plutôt que d'exposer la vie d'un seul homme ; contre lui, qui, le 20 juin, refusa tous les secours qu'on lui offrait ; qui voulut rester seul au milieu du peuple !

Vous l'accusez d'avoir fait verser le sang ; c'est là sa plus profonde blessure. Il sait bien qu'il n'en est pas l'auteur, qu'il n'en a été que la triste occasion : il ne s'en consolera jamais. Et c'est lui que vous accusez ! Français, qu'est devenu ce caractère national, cette douceur qui distinguait si bien vos anciennes mœurs ? Mettriez-vous donc votre puissance à combler l'infortune d'un homme qui a eu le courage de se confier à vous, à vos représentans ? N'aurez-vous plus de respect pour le droit sacré d'asile ? et ne regarderez-vous pas un Roi qui cesse de l'être, comme une victime assez éclatante du sort, pour qu'il vous paraisse encore impossible d'ajouter à sa misère ?

Français ! la révolution qui nous régénère a développé en vous de grandes vertus : qu'on ne l'accuse pas de vous avoir rendus barbares ! Entendez d'avance l'histoire, qui dira un jour à la Renommée ; « Louis, monté sur le trône à vingt ans, y porta l'exemple des mœurs, la justice et l'économie ; il n'y porta aucune faiblesse, aucune passion corruptrice ; il fut l'ami constant du peuple. Le peuple voulut qu'un impôt désastreux fût détruit, Louis le détruisit ; le peuple voulut l'abolition de la servitude, Louis l'abolit ; le peuple sollicita des réformes, il les fit ; le peuple voulut changer ses lois, il y consentit ; le peuple voulut que des millions de Français recouvrissent leurs droits, il les leur rendit ; le peuple voulut la liberté, il la lui donna. » — Quelques murmures s'élèvent dans l'extrémité gauche.

On ne peut pas disputer à Louis la gloire d'avoir été au-devant du peuple par ses sacrifices ; et c'est lui qu'on vous a proposé !..... Citoyens, je n'achève pas : je m'arrête devant l'histoire ; songez qu'elle jugera votre jugement, et que le sien sera celui des siècles.

Louis prend la parole, et dit :

« Citoyens, on vient de vous exposer mes moyens de défense ; je ne les résumerai point. En vous parlant peut-être pour la dernière fois, je vous déclare que ma conscience ne me reproche rien, et que mes défenseurs ne vous ont dit que la vérité.

» Je n'ai jamais craint que ma conduite fût examinée publiquement ; mais mon cœur est déchiré de trouver dans l'acte d'accusation l'imputation d'avoir voulu faire répandre le sang du peuple, et surtout que les malheurs du 10 août me soient attribués.

» J'avoue que les preuves multipliées que j'avais données, dans tous les temps, de mon amour pour le peuple, et la manière dont je m'étais toujours conduit, me paraissaient devoir prouver que je ne craignais pas de m'exposer pour épargner son sang, et éloigner à jamais de moi une pareille imputation.

Le président : la Convention vous permet de vous retirer.

Le 14 décembre 1792, un décret de la convention porte qu'on délibérera sur les question suivantes :

1° Louis est-il ou non convaincu de crime de conspiration et de haute-trahison ?

2° Le jugement qui sera rendu, soit qu'il condamne, soit qu'il absolve, sera-t-il ou non soumis à la sanction du peuple ?

3° Quelle peine infligera-t-on à Louis ?

La séance est levée à neuf heures et demie du soir.

Le 15, on procède à l'appel nominal sur la question : *Louis est-il coupable ?*

26 députés, parmi lesquels on remarque MM. Lanjuinais, Wandelincourt, Morisson, Noël (des Vosges,) Lomont, Henri la Rivière, Germignac, Baraillon, Meinard, n'ont pas voulu prononcer comme juges, et leurs déclarations n'ont point été comptées.

20 étaient absens par commission, 5 étaient malades,

ı sans motif connu ; 693 ont voté pour l'affirmative. -- Total , 745 membres.

Ainsi la convention nationale déclare Louis Capet coupable d'attentat contre la liberté , et de conspiration contre la sûreté générale de l'Etat.

On passe de suite à l'appel nominal sur la question ainsi posée : *Y aura-t-il appel au peuple, oui ou non ?*

Département du Gard.

Legris , non. -- Bertezel , oui. -- Henry Voulland , non. -- Aubry, oui. -- Jac , oui. -- Balla , oui. -- Rabaud-Pommier, oui. --- Chazal fils , oui.

Haute-Garonne.

Mailhe, non. -- Delmas , non. --- Projeau , non. -- Pérès, oui. --- Julien , non. --- Calès , non. --- Estadins , oui. --- Ayral , oui. ---Desasei , non.

Rouzet : J'ai déclaré que mon opinion était indivisible. Je l'ai déposée sur le bureau. On y trouvera le oui. Drulh , oui. --- Mazade, oui.

Gers.

Laplaigne , non. -- Moribou-Montaut, non. -- Descamps, non. --- Cappin, oui. --- Barbeau-Dubarreau , non. --- Laguirre, non. --- Ichon , non. --- Bousquet, non. -- Moÿsset, oui.

Gironde.

Vergniaud, oui. -- Guadet , oui. --- Gensonné , oui. --- Grangeneuve , oui. --- Jaï de Sainte-Foi , non. --- Ducos, non. -- Garrand : comme je ne veux ni roi ni royauté , et que l'appel au peuple est peut-être le seul moyen de nous rendre l'un et l'autre ; comme je crois impossible que le peuple juge en connaissance de cause dans une affaire où il n'a ni la faculté d'entendre l'accusé, ni la possibilité d'examiner la procédure ; comme je crains plus les ducats et les guinées des puissances étrangères, que leurs canons, je dis non. -- Boyer-Fonfrède, non. -- Duplantier, non. -- Delegre, non. --- Lacaze , non. -- Bourgoning, non.

L'Hérault.

Cambon , non. --- Bonnier , non. --- Curet, non. --- Vincent, oui. --- Rouyer , oui. --- Cambacerès : Nous devions aussi renvoyer à la sanction du peuple le décret par lequel nous nous sommes constitués juges de Louis : nous ne l'avons pas fait ; je dis non. --- Brunel , oui. --- Fabre , non. -- Castillon, oui.

Ille et Villaine.

Lanjuinais : Je dis oui, si vous condamnez Louis à mort : dans le cas contraire , je dis non. J'entends dire que mon suffrage ne sera point compté : comme je veux qu'il le

(32)

soit, je dis oui. -- Fermon, Et moi aussi, j'ai reçu de mes commettans des pouvoirs illimités ; mais je crois devoir les limiter en cette circonstance ; je dis oui. --- Duval, non. --- Sevestre, non. -- Chaumont, non. -- Lebreton, non. -- Dubignon, non. -- Obelin, oui. -- Beaujard, non. -- Maurel, non.

Indre.

Porcher, oui.

Thabaud : Et moi, je crois la Convention nationale revêtue de pouvoirs suffisans pour juger Louis : d'ailleurs, dans ces circonstances difficiles, j'aime mieux me charger de la responsabilité, telle qu'elle soit, que d'exposer ma patrie à tous les maux que je prévois, si la ratification lui était renvoyée. Je dis non.

Pepin, oui. --- Boudin, oui.

Lejeune : Et moi, je me croirais comptable de tout le sang que cette mesure pourrait faire couler ; je dis non.

Derazey, oui.

Indre et Loire.

Nioche, non. -- Jacob-Dupont, non. -- Potier, non. -- Gardien, non. -- Ruelle, non. --- Champigni-Clément, non. --- Isabeau, non. -- Bodin, non.

Isère.

Baudran : Je trouve dans l'appel de grands inconvéniens ; il n'y a pas de loi existante qui l'ordonne ; je dis non.

Genevois, non. --- Gervonat, oui.

Amar : Le renvoi au peuple est contraire à tous les principes ; j'ai juré de les maintenir ; je dis non.

Prunelle-de-Lierre, non. --- Réal, oui.

Boissieu : Comme juge, je dis non ; comme législateur, je dis oui, si la peine que vous prononcez est la peine de mort.

Genissieux, non. -- Chavrel, non.

Jura.

Vernier, oui. -- Laurencot, oui. -- Grenot, oui. -- Prost, non. -- Amyot, oui. --- Ferroux de Salins, oui. --- Bouguyode, oui.

Landes.

Dartigoyte, non. -- Lefranc, non. --- Cadroy, non. --- Ducos aîné, non. --- Disés, non. -- Saurmi, oui.

Loir et Cher.

Grégoire, absent par commission. --- Chabot, non. --- Brissot non. -- Fressine, non. -- Leclerc, non. -- Venaille, non. --- Foussedoire, non.

Haute-Loire.

Reguau, non. --- Faure, non. --- Delcher, non. ---
Flayens,

Flayens, non. --- Bonnet fils, oui. --- Camus, absent par commission.

Barthelemi : Comme je ne crois pas pouvoir cumuler toutes les fonctions, je dis non.

Loire-Inférieure.

Meaulle, non. --- Lefèvre, oui. --- Chaillou, oui. -- Mellinet, oui. --- Villers, non. --- Fouché, non. --- Jarry, oui. -- Coustard, oui.

Loiret.

Gentil, oui. --- Garan-Coulon, oui. -- Lepage, oui. -- Pellé, non. -- Lombard-Lachaud, non. -- Guérin, non. -- Delaguelle, non.

J.-B. Louvet : parce que, si, comme on le dit, et comme je le crois, il arrive en France beaucoup de guinées anglo-ministérielles, elles sont plus redoutables dans une assemblée de 745 membres, qu'au milieu d'un peuple composé de 25 millions d'hommes ; parce que je ne suis que mandataire ; parce que la nation seule est souveraine ; parce que je ne veux pas que Louis Capet soit remplacé par Philippe d'Orléans (Murmures de l'extrémité) ni par aucun autre (Murmures ;) parce que ce n'est point un jugement que vous renvoyez au peuple, puisque déjà vous avez déclaré le fait, et que vous appliquerez la peine ; mais seulement une mesure de sûreté générale, oui.

Lot.

Laboissière, non. --- Cledel, non. -- Sallèles, oui. --- Jean-Bon-Saint-André, non. -- Moumayan : je crois que nous sommes revêtus des mêmes pouvoirs qu'avaient les consuls à Rome par le senatus-consulte ; je dis non. -- Gavaignac, non. --- Bouygues, non. -- Cayla, non. --- Delbrel, non. --- Albouys : ce serait méconnaître l'autorité du peuple, et frayer la route aux tyrans, que de ne pas voter pour l'appel au peuple ; je dis oui.

Lot et Garonne.

Vidalat, non. -- Laurent, oui. -- Paganel, non. -- Claverie, oui. --- Laroche, oui. -- Boussion, oui. -- Guyet-Laprade, oui. -- Pournel, non. -- Noguet, oui.

Lozère.

Barrot, oui. -- Chateauneuf-Randon, non. --- Servière, non. -- Monestier, non. -- Pelet, absent.

Maine et Loire.

Choudieu, non. -- Delaunay l'aîné, non. -- Dehoullières, oui. -- Revellière-Lepaux, non. -- Pilastre, non. -- Leclerc, non. -- Daudenac l'aîné, non. --- Delaunay jeune, non. --- Perard, non. -- Daudenac jeune, non. --- Lemargnau, non.

Mancke.

Gervais-Sauvé , oui. -- Poisson , oui. -- Lemoine , non
-- Letourneur, oui. --- Ribet, oui. --- Pinet, oui.

Lecarpentier : ce serait servir les intrigans , les modérés ,
les aristocrates , que dire oui. Je dis non.

Havin, oui.

Bonnesœur : dans mon opinion , nous prononçons dans
cette importante question comme législateurs et non comme
juges ; or, encore dans mon opinion, tous nos décrets doivent être soumis à la sanction expresse ou tacite du peuple
souverain , sur-tout lorsque leur exécution peut produire
un effet définitif et irrévocable ; autrement les mandataires
du peuple seraient eux-mêmes des despotes : par ces motifs
et par ceux exposés énergiquement par J. B. Louvet , je
dis oui.

Angerrand , oui.

Bretel ; je dis non ; s'il se présente un nouveau tyran ,
nous y serons.

Laurence-Villedeuil : comme le peuple ne sera jamais
plus disposé à défendre le jugement porté contre Louis ,
que quand il l'aura prononcé, je dis oui.

Michel Hubert , oui.

Marne.

Prieur, non. -- Thuriot, non. -- Charles Charlier, non.
-- Delacroix de Constant : Je me regarderais comme lâche,
si j'hésitais un instant à dire non. --- Deville, non. --- Poulain , oui. --- Drouet, absent par maladie. Armonville :
Comme un assassin ne doit pas occuper le souverain, je
dis non. -- Blanc, non. --- Batelier, non.

Haute-Marne.

Guyarden : J'ai reçu des pouvoirs suffisans ; je dis non.
-- Monnel , non. --- Roux : Je veux supporter seul toute
la responsabilité ; je dis non. -- Valdruche, non. --- Chaudron , non. --- Laloy , non. --- Waudelincourt : Je m'en
réfère à ma première opinion.

Mayenne.

Bissy jeune , non. --- Esnue, non. --- Durocher, non. ---
Enjubault , non. --- Serveau, non. -- Blaichard-Chottière ,
non. -- Villars, non. --- Lejeune, non.

Meurthe.

Salle : Comme nous avons limité nos pouvoirs ; comme
nous ne sommes que mandataires ; comme nos décrets
doivent être soumis à la sanction du peuple ; comme il
m'est impossible de méconnaître sa souveraineté ; comme
nous avons tout à craindre des factieux ; comme nous
sommes à la veille d'une guerre , je pense que le seul

moyen de donner au peuple une attitude vraiment répu-
blicaine , c'est de le faire intervenir dans cette cause : je
dis oui. --- Mallarmé , non. --- Levasseur : Pour obéir au
vœu de mes commettans, pour ne pas leur rendre un hommage dérisoire, en leur renvoyant un jugement que je dois
prononcer, je dis non. --- Mollevault , oui. --- Bonneval,
non. --- Lalande : Il est important que votre décret soit
respecté ; et comment le sera-t-il, s'il ne réunit pas la majorité des suffrages ? et comment réunirez-vous cette majorité , si vous ne consultez pas le peuple ? Je dis oui. ---
Michel, oui. --- Zangiocomi , oui.

Meuse.

Moreau, oui. --- Marquis , oui. --- Tocquot , oui. ---
Pons : J'avais pensé d'abord que le jugement du peuple
était nécessaire ; mais ensuite , éclairé par l'opinion de
Barrère et des autres membres, envisageant les inconvéniens de cet appel, je dis non. --- Roussel, oui. --- Humbert, oui. --- Harmand, non.

Morbihan.

Lemaillard : Nos pouvoirs sont illimités : il faut épargner
au peuple de nouvelles factions ; je dis non. -- Lehardi :
Pour sauver la patrie , nous avons tout pouvoir de prononcer ; mais nous ne devons pas usurper la souveraineté. On
nous dit qu'il faut éviter la guerre civile en n'appelant pas
au peuple. Moi , je n'ai pas si mauvaise opinion de notre
souverain. Gardons-nous de penser comme les anarchistes.
Je suis persuadé que cette faction a l'intention d'exciter la
guerre civile. Je vote pour l'appel au peuple.

Corbel, non.

Lequinio : Je crains que les puissances étrangères ne sè-
ment la division dans les campagnes ; je dis non.

Andrein : Le moyen le plus sûr de réunir les forces du
peuple, c'est de lui faire exercer sa souveraineté ; je dis oui.

Gillet, non. -- Michel , non. -- Rouault, non.

Moselle.

Merlin , absent par commission. -- Anthoine : parce que
le peuple paraît déjà avoir prononcé son vœu, parce qu'un
acte judiciaire ne peut être soumis au souverain , parce que
je ne veux ni anarchie ni royauté, je dis non. -- Couturier ,
absent par commission. -- Hentz, non. -- Blaux, non --
Becker, non. -- Bar : Je ne veux pas voir mon pays désolé
par la guerre civile. Je dis non. -- Thirion : Citoyens, je
suis d'un département frontière, il a déjà été exposé à l'invasion des ennemis : je serais un lâche si j'écartais la responsabilité de ma tête pour la reporter sur celle de mes
commettans ; et si la femme du malheureux Sausse a été

massacrée , parce que son mari avait arrêté le ci-devant roi, que pensez-vous qu'il arrivera si mes commettans votent pour sa mort : leur suffrage sera-t-il libre ? Je dis non.

Nièvre.

Sauterault, non. -- Dauceroda, non. -- Lefiot, non. -- Guillerault, oui. -- Legendre, non. -- Goyre Laplanche, non. -- Jourdan : En acceptant ma nomination de membre à la Convention , je n'ai jamais cru me charger des fonctions de juge ; mon avis est donc qu'il faut renvoyer au peuple : je crois le peuple digne de la liberté ; je crois que ce renvoi éclairera le peuple sur ses véritables ennemis, et fera tomber le voile qui couvre ses faux amis. Je dis oui.

Nord.

Merlin, non. -- Duhem : Je veux rappeler un fait qui n'a point paru dans la discussion. Lorsque le tyran se réfugia ici, le peuple demandait sa tête ; alors l'assemblée nationale nomma des commissaires , du nombre desquels j'étais, et qui promirent, au nom de la législature et de la Convention future , au peuple de Paris et aux fédérés qui représentaient les départemens pour l'insurrection , que la Convention prononcerait sur son sort. Je dis non.

Gossuin, absent par commission. -- Cochet, non.

Fœkedey : Citoyens, comme je crois que la majorité de la nation est composée de bons citoyens et non d'intrigans ; comme la guerre civile ne peut avoir lieu qu'entre deux partis qui se choquent ; que si l'opinion est divisée sur le jugement que vous rendrez, vous ne pouvez éviter la guerre civile , je crois que le recours au souverain est le meilleur parti que vous puissiez prendre : je dis oui.

Sénaut : Citoyens, je suis Lillois , je vote pour le non.

Carpentier, non. -- Priest, non. -- Sallengros, non.

Poultier, Si je voulais ressusciter la royauté, je dirais oui ; je suis républicain, je dis non.

Daoust : La révolution n'est pas finie ; je dis non.

Boyaval, non.

Oise.

Coupé, non. -- Calon, non. -- Massieu : Je crains aussi non-seulement les guinées anglaises, mais les florins d'Allemagne et les piastres d'Espagne ; je crains la guerre civile, et je dis non. -- Charles Villette, non. -- Mathieu, non. -- Anacharsis Clootz : Je ne connais d'autre souverain que le genre humain, c'est-à-dire, la raison universelle ; je dis non. -- Portier, non. -- Godefroi, absent par commission. Bezard, non. -- Goré, non. -- Delamarre : Le peuple a seul la souveraineté ; il pourrait nous contester le droit d'absoudre ; il pourra nous contester celui de juger définitivement ; je dis oui. -- Bourdon : Un jugement est une application de la loi , la loi est la volonté générale ; il serait ridicule de reporter au souverain l'application de sa volonté ; je dis non.

Orne.

Valazé : Vous avez , il est vrai, reçu des pouvoirs illimités ; mais comme vous y avez renoncé le premier jour, vous devez appeler au peuple de votre jugement. Cependant, si cette mesure pouvait exciter la guerre civile, je m'y opposerais ; mais j'ai vu le peuple dans ses assemblées primaires , et je n'ai pas la bassesse de croire qu'il s'intéressera pour un tyran enchaîné. Je réclame donc l'exercice de sa souveraineté ; je dis oui.

Lahosdinière : Comme l'appel au peuple est le seul moyen d'excuser le despotisme qu'a exercé la Convention par la confusion de tous les pouvoirs , je dis oui.

Duboï , oui.

Dugué-Dassé : Et moi aussi je suis républicain , mais je respecte la souveraineté du peuple ; mais je ne suis pas de ceux qui craignent les assemblées primaires ; je demande leur sanction ; je dis oui.

Deshronas, oui. -- Thomas, oui, si le vœu du peuple est pris par scrutin.

Fourney, oui. -- Julien Dubois , non. -- Colombel , non.

Paris.

Robespierre aîné , non. -- Danton , absent par commission. --Collot-Dherbois, absent par commission.

Manuel : Citoyens, je reconnais ici des législateurs , je n'y ai jamais vu des juges ; car des juges sont froids comme la loi , des juges ne murmurent pas, des juges ne s'injurient pas , ne se calomnient pas : jamais la Convention n'a ressemblé à un tribunal ; si elle l'eût été , certes elle n'aurait pas vu le plus proche parent du coupable n'avoir pas, sinon la conscience, du moins la pudeur de se récuser. (L'extrémité murmure). C'est autant par délicatesse que par courage, autant pour honorer que pour sauver le peuple , que je demande sa sanction : je dis oui.

Billaud-Varennes : Comme Brutus n'hésita pas à envoyer ses enfans au supplice , je dis non.

Camille Desmoulins : Comme le roi de Pologne a été acheté par la Russie, il n'est pas étonnant que beaucoup d'entre nous, qui ne sont pas encore rois, soient vendus. -- Murmures violens. Camille est censuré.

Marat : Je rends hommage à la souveraineté du peuple ; j'ai été le premier à rappeler l'assemblée constituante à ses devoirs , et à dire qu'il n'y avait pas de souveraineté sans sanction : mais il n'y a qu'une seule circonstance, c'est

lors de l'acceptation de la déclaration des droits : car lui
soumettre tout autre décret, ce serait faire des assemblées
primaires des législateurs , et de la France des déserts.
Appeler le peuple à sanctionner un jugement, c'est non
seulement un acte d'imbécillité, mais de démence , qui ne
peut être provoqué que par les complices du tyran. Je dis
non. -- Lavicomterie, non.

Legendre : Intimement convaincu qu'il reste assez de républicains pour combattre quiconque oserait proposer un
roi ; convaincu qu'il y a assez d'acier en France pour forger
des poignards, et que j'ai assez de courage pour poignarder
un tyran ; je dis non.

Raffon : Je dis avec assurance, tranquillité et fraternité,
non.

Panis : Aux puissans motifs développés par les seuls républicains que je connaisse , j'ajouterai que Richelieu, Ma-
zarin , Breteuil, Sartines et autres suppôts du despotisme
auraient proposé l'appel au peuple , pour désorganiser la
république. Je dis non.

Sergent, non.-- Robert, non.

Dussaulx : Je certifie que je ne me suis jamais vendu ;
que je n'ai jamais voulu la guerre civile : cependant, du
fond de ma conscience , je dis oui.

Freron, non. Beauvais, non.

Fabre d'Eglantine, non. -- Osselin , non. -- Robespierre, jeune, non. -- David, non. -- Boucher Saint-Sau-
veur, non. -- Thomas, non. -- Laignelot, non.

Louis-Philippe-Joseph Egalité : Comme je ne m'occupe
que de mon devoir, je dis non.

Pas-de-Calais.

Personne, Bollet , Magniez , oui. -- Varlet, Thomas
Payne, Guffroy , Bulart, Duquesnoy, Carnot, non.

Lebas : Je pense que le peuple ne peut jamais prononcer
comme souverain sur un objet particulier ; lorsque la loi
a prononcé sur les crimes d'un coupable, je pense que
renvoyer son jugement aux assemblées primaires, c'est
supposer que le peuple puisse , comme magistrat, avoir
une volonté différente de celle du souverain. Je ne lui fais
point cet outrage : je dis non.

Daunon : Comme une simple mesure de sûreté générale
à prendre sur un individu, n'a pas besoin de la ratification
du peuple , je dis non.

Puy-de-Dôme.

Laloue , oui.

Bancal : Comme l'histoire de toutes les républiques atteste éternellement qu'il s'y est formé des factions puis-

sautes , qui ont fini par les renverser , parce qu'elles n'é-
taient point appuyées de la volonté puissante du peuple ;
que des volontés particulières luttent en ce moment contre
la volonté générale, et que le seul moyen d'anéantir les
volontés privées et les factions , est d'appeler la volonté
nationale ; que les despotes de l'Europe sont tous intéressés
à ce que la France ne se maintienne pas en république ;
comme je vois approcher une guerre plus sérieuse que
celle de l'année dernière ; qu'il faudra que , pour la soutenir , le peuple en peu de temps se lève tout entier ; que
le sentiment même du danger fortifiera encore plus l'union
nationale et l'indivisibilité de la république ; que la question
à décider par les assemblées primaires est très-simple ,
très-aisée ; que je pense que le peuple sera docile à la
voix de la Convention nationale , comme il l'a déjà été aux
conseils de l'Assemblée législative ; et qu'il se bornera à
prononcer , soit la mort , soit le bannissement ; comme
je pense qu'il s'agit moins ici d'anéantir un roi que la
royauté, moins encore d'anéantir la royauté française, que
d'anéantir toutes les royautés de l'Europe , qui lutteraient
sans cesse contre notre république ; que la liberté et la
vertu ne peuvent avoir de stabilité sans le peuple ; enfin,
comme Louis Capet est un ôtage dont la conservation, jusqu'à la fin de la guerre, tend à épargner le sang français,
je dis oui.

Girod-Pouzol : Comme je suis convaincu que les lois ne
sont jamais mieux établies que lorsque le peuple les a sanc-
tionnées ; que le meilleur moyen d'anéantir les rois est
celui d'appeler les peuples pour prononcer sur leur sort ,
je demande le renvoi du décret sur Louis à la sanction du
peuple : je dis oui.

Gibergues , Maigret , Romme , Sombrany , Blauval ,
Dulaure , non.

Couthon : Je crois , en mon ame et conscience , que
l'appel au peuple est un attentat à la souveraineté ; car ,
certes , il n'appartient pas aux mandataires de transformer
le pouvoir constituant en simple autorité constituée ; c'est
une mesure de fédéralisme , une mesure lâche , une mesure
désastreuse , qui conduirait infailliblement la république
dans un abyme de maux ; je dis non.

Rudel : Je crois que l'exercice de la souveraineté, dans
cette circonstance , appartient au représentant du peuple ,
que son devoir est de prévenir la guerre civile ; et je dis
non.

Monestier : Comme une grande partie de mes commettans
ont fait passer à la Convention nationale plusieurs adressés ,

par lesquelles ils vous expriment qu'ils désirent que vous jugiez sans appeler au peuple, je dis non.

Hautes-Pyrénées.

Lacrampe, oui.

Dupont : Comme je crois aux factions qui environnent la Convention nationale; comme d'ailleurs je désire que le peuple sache qu'il est plus que les rois, je dis oui.

Gertoux, Picqué, Férault, non.

Barrère : J'ai prouvé non; je dis non.

Basses-Pyrénées.

Sanadon, Neveu, Meillan, Comte, Casenave, oui. — Pemartin et Verdollin, non.

Pyrénées-Orientales.

Guiter, oui.

Biroteau : Citoyens, dans une assemblée où pas un seul membre n'a déclaré Louis innocent, on ne peut pas y voir un ami des rois, on ne peut pas y voir un ennemi de la liberté du peuple ; comme le salut de la République ne dépend pas de Louis détrôné, mais qu'il dépend de l'anéantissement des factions qui la déchirent ; comme un vrai républicain peut craindre, par tout ce qui s'est passé, que les ambitieux ne fassent servir le cadavre de Louis de marche-pied à une puissance individuelle ; comme je crois absurde de dire que la majorité de la nation ne sera composée que d'aristocrates et de factieux ; comme ce malheur ne serait pas moins à craindre, lorsque le peuple sanctionnera la constitution, et que si malheureusement les factieux et les aristocrates dominaient, nous devrions désespérer de voir jamais la République se consolider, je dis oui. — Montegut, Cassanyet, non. — Fabre, maladé.

Haut-Rhin.

Albert, Johannot, Ritter, Laporte ; Pflieger aîné, Dubois, non. — Rewbell, absent par commission.

Bas-Rhin.

Simond, Rühl, Dentzel, absens par commission. — Louis, Hermann, Arbogast, Christiani, non.

Laurent : J'ai été investi de tous les pouvoirs de mes mandataires, en me rendant à la Convention nationale. Le salut du peuple est la suprême loi. Un ancien a dit : Qui épargne les méchans, nuit aux bons : et moi je dis : Qui épargne un tyran, nuit aux nations. La justice, la raison et la politique s'accordent à ce que nous jugions définitivement Louis Capet, et qu'il n'y ait point d'appel au peuple : je dis non.

Bentabole : Quand il ne serait pas démontré, comme il l'a été évidemment, que l'appel au peuple entraînerait sûrement

rement la nation dans des dissentions intestines, il suffit
qu'il soit possible que cette mesure l'entraîne dans des
malheurs, pour que les représentans auxquels elle a confié
ses intérêts, ne l'exposent pas à une mesure aussi dangereuse : je dis non.

Rhône et Loire.

Dubouchet, Fournier, Marcelin Beraud, oui.

Vitet : Sauvez la république, et échappez aux factions
présentes. Je dis oui, et je le dis d'autant plus que le
peuple pense et agit mieux que nous.

Micher : S'il existait une loi qui pût être appliquée à
Louis XVI, la Convention nationale ne s'occuperait pas
de la faire ; nos pouvoirs sont très-illimités ; mais dans
tout ce qui n'est pas fondé sur une loi existante, il faut
la sanction du peuple ; ce peuple ne jugera pas, mais
s'expliquera pour savoir si les pouvoirs qu'il nous a transmis nous autorisaient à aller jusqu'au jugement de Louis. Il
ne peut y avoir d'inconvénient, et si vous en trouviez, le
même prétexte irait attaquer dans toutes les circonstances
la souveraineté du peuple : ainsi, je dis oui. -- Dupuy,
Javoque, Noël Pointe, Cusset, Lanthenas, Patrin,
Moulin, non.

Chasset : Je crois que la Convention nationale n'a retenu
ce jugement que pour exercer des fonctions politiques et
non judiciaires : sous ce point de vue, il ne peut pas y
avoir d'appel au peuple ; comme représentans du peuple,
comme politiques, nous avons été envoyés avec des pouvoirs illimités : je dis non.

Forest : La sanction ne peut pas être considérée comme
un acte de souveraineté ; je dis non.

Pressavin : Comme je vois dans l'appel au peuple la
perte de la république, je dis non.

Haute-Saône.

Gourdan, Vigneron, Siblot, Chauvier, Balivet, Dornier, non.

Bolot : Citoyens, je considère, particulièrement dans
cette circonstance, la Convention nationale comme le
peuple entier ; par cette raison, je dis non.

Saône et Loire.

Bertucat : Citoyens, j'entends dire d'un côté · La République est perdue, si Louis meurt ; d'un autre : La République est perdue, si Louis ne périt pas. J'en conclus,
avec une raison irrésistible, pour l'appel au peuple : et
comme c'est en vain qu'on cherche à m'effrayer par la
crainte de la guerre civile.... je dis oui.

Gelin, Mazurier, Guillermin, Reverchon, Guillemardet; Baudot, Mailly, Moreau, non.

Carra : Comme l'ombre d'un roi m'a toujours paru dangereuse pour la liberté ; comme nous avons quatre ou cinq cent mille citoyens sur les frontières, qui ne pourront pas se trouver aux assemblées primaires, je dis non.

Mougilbert, absent.

La Sarthe.

Lechevalier, oui. -- Richard, François Primaudière, Salmon, Froger, Sieyes, Letourneur, non.

Philippeaux : J'ai proposé moi-même au comité de législation le recours au peuple. Je croyais y apercevoir une tranquillité morale et politique : depuis, la discussion m'a éclairé sur les dangers de cette mesure. J'ai reconnu qu'elle est capable d'anéantir plutôt que d'affermir la souveraineté du peuple ; je dis non.

Boutronne : Comme membre d'une autorité révolutionnaire, je dis non.

Levasseur : Comme homme d'état, je ne puis renvoyer aux assemblées primaires, qui ne sont en général composées que de cultivateurs, d'artisans, qui ne peuvent pas avoir de connaissances politiques, je dis non.

Seine et Oise.

Kersaint, oui.

Gorsas : Attendu que la *royauté* et les *rois*, les factieux et les factions, ne seront véritablement et légalement balayés du territoire de la République que lorsque le peuple aura prononcé qu'il ne veut ni rois, ni royauté, ni factions, ni factieux, ni aucune espèce de tyrannie ; attendu que je regarde comme une injure faite au peuple l'idée seule que cet appel peut exciter une guerre civile : attendu que cet appel est au contraire une justice et un hommage rendu à sa souveraineté que je reconnais, moi, bien plus que ceux qui l'ont sans cesse à la bouche ; attendu enfin qu'il y a du courage, au milieu des dangers de l'anarchie, de prononcer un vœu qui contrarie et peut attérer les anarchistes, je dis et je dois dire, en attendant que je l'imprime, oui.

Lecointre, Bassal, Alquier, Audouin, Roi, Tallien, Chesnier, Dupuis, non.

Treilhard : J'ai cru long-temps la mesure d'appel au peuple bonne ; mais les inconvéniens qui y paraissent attachés, m'obligent à dire non.

Mercier : Je crois répondre au vœu de ma patrie, en disant non. Je désire que les maux que je prévois devoir résulter d'une opinion contraire n'arrivent pas.

Hérault, Haussemann, absens par commission.

Seine-Inférieure.

Yger, Hecquet, Vincent, Faure, Blotel, Bailleul,
Mariette, Doublet, Bourgeois, Delahaye, oui. -- Albite,
Pochole, Lefevre, Ruault, non.

Lebardi : Depuis que j'ai entendu dire à plusieurs de
mes collègues que la mort du ci-devant roi était nécessaire
au salut public, l'inquiétude de voir prévaloir cette opinion, qui, selon moi, est contraire à la loi constitutionnelle qui a rendu Louis inviolable, et qui peut devenir
fatale à la république, me détermine à exprimer ainsi ma
pensée : oui, si la peine de mort est prononcée.

Duval : Je ne crains pas la guerre civile : c'est une calomnie contre le peuple, un vain fantôme, avec lequel on
voudrait le conduire insensiblement vers le despotisme ; je
ne veux pas ravir sa souveraineté, je dis oui.

Delahaye : C'est comme législateur, et non comme juge,
que je monte à cette tribune, et je dis qu'il n'y a ni lâcheté ni courage à dire oui ou non dans cette affaire. La
lâcheté consiste à ne pas faire son devoir. Ennemi des
tyrans passés, présens et futurs, je tremble d'en voir sortir
un des cendres de Louis Capet.... Le peuple était livré,
lorsqu'il a nommé ses députés à la Convention, à des factions plus terribles qu'aujourd'hui ; et cependant il a
montré qu'il était digne du nom français : il a été calme et
grand ; il le sera s'il sanctionne le jugement de son ennemi.
Je ne crains point la guerre civile ; le peuple sait connaître
la vertu. Je vote pour le oui.

Seine et Marne.

Mauduyt, Cordier, Defrance, non. -- Viqui, Geoffroy,
Bernard-des-Sablons, Himbert, oui.

Bernier : Vous avez vous-mêmes déclaré que tout ce qui
aurait rapport au sort général de la république, que tout
ce qui pourrait influer sur la constitution serait soumis à
la sanction ou à la ratification du peuple : j'ai la conviction
intime que la décision que vous porterez sur Louis Capet,
aura une très-grande influence sur le sort général de la
république, sur la constitution que vous préparez. Je
dis oui.

Bailly : Citoyens, je n'examinerai point dans ce moment
si vos commettans vous ont déféré des pouvoirs judiciaires ;
mais je vous citerai un fait. Dans l'assemblée électorale du
département de Seine et Marne, lorsqu'on eut nommé les
députés à la Convention nationale, on était si persuadé
qu'ils ne seraient point les juges de Louis XVI, qu'en pro-
cédant à la nomination du haut-juré, on eut soin d'inviter
les électeurs à ne choisir que des patriotes fermes et in-

trépides, parce que l'on dit qu'ils avaient à juger Louis Capet. D'après ce fait, dont je prends à témoin mes collègues, convaincu que la seule mesure de légaliser la marche que nous avons suivie jusqu'ici, est la sanction du peuple, je dis oui.

Tellier : L'assemblée électorale de mon département a délibéré, à la presque unanimité, qu'il serait fait un canon de calibre de la tête de Louis XVI, pour l'envoyer aux ennemis, s'ils pénétraient sur le territoire français. Je maintiens que mes commettans n'ont pas manifesté le vœu de faire juger Louis XVI par un juré, puisque la proposition qui en avait été faite par un électeur n'a pas été arrêtée par l'assembléo ; obligé de choisir entre le salut du peuple et l'exercice momentané de la souveraineté, je dis que je préfère le premier, pour lui assurer la jouissance de tous deux. En conséquence, je dis non.

Opoix : Je dis oui, si Louis est condamné à mort ; et non, s'il ne l'est pas.

Deux-Sèvres.

Lecointre-Puyraveau : Nous n'avons d'autre droit que celui de proposer des lois au peuple ; par attachement à ce principe, je dis oui.

Jard-Pauvillier, Lofficial, oui. -- Ch. Cochon, Dubreuil-Chambardel, non. -- Duchatel, malade.

Auguis : La Convention, par son décret, m'a rendu juge ; l'appel au peuple serait une mesure dangereuse ; les malveillans, tant intérieurs qu'extérieurs, profiteraient de ce mouvement dans la République, pour y répandre un trouble universel. Pour éviter ces malheurs, je dis non.

Somme.

Gantois, Delecloy, Dufestel, Alexis Sillery, François, Asselin et Louvet : Non, si c'est une mesure de sûreté générale ; oui, si c'est un jugement à mort.

Rivery, Saint-Prix, Déverité, oui.

Saladin : Nous sommes envoyés ici pour servir le peuple et non pour le flatter ; je dis non.

André Dumont, Scellier, non. -- Lasource, absent par commission. -- Daubermenil, absent sans cause.

Tarn.

Marvejouls, Gouzy, Rochegude, Meyer, oui. -- Campmas, Soloniac, non.

Lacombe-Saint-Michel : Dans mon opinion, le peuple ne doit sanctionner que la constitution ; je crois que la mesure de l'appel au peuple serait affreuse, par la guerre civile et les dissentions intestines qui pourraient en résulter.

Je crois que si elle avait lieu , j'en serais responsable : Je dis non.

Var.

Escudier, Charbonnier , Ricord, Isnard , Despinassy, Roubaud , Antiboul , Barras , non.

Vendée.

Gaudin , oui. -- J. F. Goupilleau , absent par commission. -- P.-C. Goupilleau , Maignen, Muffet, Garos, non.

Fayau : Citoyens , afin de ne pas faire croire aux nations voisines qu'il faut vingt-cinq millions d'hommes pour juger un roi ; parce que la responsabilité de Brutus fut une couronne civique, je dis non ; et quand j'aurais à prononcer sur le sort de Charles Stuart , je dirais encore non. Mais mon seul regret, en mourant , serait de ne pas renaître de mes cendres pour offrir à mes concitoyens autant de fois ma vie, que de fois ils seraient assez lâches pour se donner un tyran.

Girard : Citoyens , nous avons décrété spontanément que le gouvernement français formerait une république ; nous avons aboli la royauté ; les départemens ont applaudi à cette démarche , ils nous conserveront leur confiance pour le nouveau décret que nous allons rendre. Je dis non.

Morisson déclare qu'il ne vote pas.

Vienne.

Dutrou-Bornier, Bion, Creuzé-Latouche, oui. -- Piorry, Ingrand , Martineau , Thibeaudeau , non.

Creuzé-Paschal : Je regarde que nous sommes plénipotentiaires , et que les plénipotentiaires sont sujets à la ratification : je dis oui.

Haute-Vienne.

Faye, oui. -- Bordas, Lesterpt-Beauvais, Gay-Vernon, non.

Rivaud : Parce que le jugement du peuple doit sanctionner celui de l'abolition de la royauté , je dis oui.

Soulignac : On ne m'a pas dit : Sois législateur et juge ; on m'aurait mis dans la main l'arme des tyrans. Le sultan n'est un despote affreux que parce qu'il fait la loi, et juge en même temps. J'opine donc franchement , loyalement et irrévocablement d'après ma conscience, et je dis oui.

Lacroix ; Oui, si l'assemblée prononce la peine de mort : non, si l'assemblée regarde ce décret comme mesure de sûreté générale.

Vosges.

Bresson, Couhey , Ballaud , oui.

Perrin déclare que si les discussions dans les assemblées primaires occasionnaient la mort d'un seul homme, il s'en croirait complice ; il prononce non.

Hugot, absent par maladie.

Noël : Je me recuse d'après les motifs que j'ai énoncés dans le premier appel nominal.

Poullain-Grandprey : Et moi aussi j'ai reçu de mes commettans des pouvoirs illimités ; mais je ne pense pas qu'en me les confiant ils ayent dépouillé le peuple de la partie de sa souveraineté qu'il peut exercer par lui-même. Vous avez consacré solennellement ce principe : eh ! bien, ce serait y porter atteinte que de remplir souverainement des fonctions qui sont incompatibles avec celles de législateurs. Je vote donc pour le recours au peuple ; mais pour désintéresser la sollicitude de ceux qui voient, ou affectent de voir la guerre civile dans la réunion des assemblées primaires, je demande que votre décision soit renvoyée à celles qui seront chargées d'examiner les lois qui prononcent l'établissement de la République, et l'abolition de la royauté : car les mesures que vous allez prendre à l'égard du ci-devant roi en sont le complément.

J'attache d'autant plus d'importance à cet amendement, que son adoption soustraira le peuple aux calomnies auxquelles il est en butte de la part de certaines gens. — Murmures à l'extrémité.

Oui, je dis calomnie ; car il est surprenant que ceux qui nous parlent sans cesse de la bonté du peuple, ne croient pas à sa sagesse, qu'ils voient dans les assemblées primaires le germe de la discorde et la dissolution de la république ; tandis que les assemblées primaires sont la force de la Convention nationale, et qu'elles seules donnent aux lois constitutionnelles, dont elle va s'occuper, le caractère qui assurera l'exécution.

Je ne veux point écarter la responsabilité ; je n'en redoute qu'une, celle que j'encourrais en relevant les marches du trône, et je croirais l'appeler sur ma tête en ne disant pas oui.

Julien Soubait prononce oui, par les mêmes motifs que Poullain-Grandprey.

Yonne.

Precy, Herard, Chastelain, oui. — Lepelletier, Bourbotte, Finot, non.

Tureau : Je crains la guerre fratricide qu'exciteraient les nobles et les prêtres : je vote pour non.

Maure : Lorsque mes commettans m'ont envoyé, ils m'ont dit : Vas, venge-nous du tyran ; fais-nous de bonnes lois, et si tu nous trahis, ta tête en répond. J'ai promis, et je tiendrai ma parole : ainsi, je dis non.

Jacques Boileau : C'est une erreur, selon moi, de croire que nous ne sommes pas revêtus de pouvoirs suffisans pour prononcer sur le sort de Louis.

Le peuple nous a dit : *Allez*, *sauvez-nous ; notre sort est entre vos mains.* Cela, je crois, veut tout dire. Enfin nous avons été envoyés pour prendre toutes les mesures nécessaires au salut public. Selon moi, la mort de Louis est nécessaire à la tranquillité de l'état ; et si l'on en appelait au peuple, son vœu aurait-il un cours libre et naturel ? Les prêtres ne diraient-ils pas aux bons habitans des campagnes, *qu'il ne faut pas la mort du pécheur*, *que l'évangile recommande le pardon des injures* ; et avec ces doléances, Louis échapperait à la peine qui lui est due : alors je ne vois que des malheurs dans la république.

Tous ceux qui se sont occupés du droit politique, ont reconnu que le peuple ne devait jamais rien prononcer ni sur un fait, ni sur un homme. C'est l'opinion de Rousseau. Montesquieu dit : *C'est toujours un inconvénient que le peuple juge lui-même ses offenses.*

Solon, pour éviter l'abus des jugemens du peuple sur des faits ou des hommes en particulier, avait fait une loi par laquelle l'Aréopage revoyait encore l'affaire jugée par le peuple, pour la lui renvoyer de nouveau à juger, si l'Aréopage avait trouvé coupable l'homme absous par le peuple. De telles précautions annoncent combien les législateurs trouvaient d'inconvéniens à rendre le peuple juge sur un *fait* ou sur un *homme*.

Je finis par vous prophétiser que, si l'appel au peuple a lieu, le peuple, travaillé et séduit, exercera une indulgence qui le perdra, que ce sera prolonger l'anarchie pendant vingt à trente ans de plus. La tour du Temple sera le jardin des *Hespérides*. -- Louis sera la *toison d'or* ; et tous les aristocrates intérieurs et extérieurs seront autant d'*Argonautes* qui entreprendront sans cesse d'en faire la conquête, et inquiéteront toujours les citoyens ; je ne suis pas pour l'appel, et je dis non. --- Ces observations ont excité des murmures.

Ain.

Royer, Mollet, oui. -- Deydier, Gauthier, Merlinot, non. --- Jagot, absent par commission.

Aisne.

Petit : Là où il n'y a pas de loi, le souverain doit être consulté, oui.

Lecarlier, Belin, Beffroy, oui.

Jean Debry : Mes commettans m'ont revêtu de la plénitude de leurs pouvoirs ; et ce n'est pas quand il y a du danger à les exercer, que je puis me soustraire à ce devoir pénible : je dis non.

Fiquet, non.

Quinette : Le peuple ne peut exercer par lui-même ni le pouvoir législatif ni le pouvoir judiciaire ; je dis non.

Dupin le jeune, Loysel, non.

Saint-Just : Si je ne tenais point du peuple le droit de juger le tyran, je le tiendrais de la nature : non.

Condorcet : Quand l'assemblée aura prononcé la peine de mort, je voudrais que l'exécution fût suspendue jusqu'à ce que la constitution fût finie et publiée ; et que le peuple eût alors prononcé dans les assemblées primaires, suivant les formes que la constitution aura réglées ; mais étant consulté aujourd'hui en vertu d'un décret, s'il doit y avoir appel au peuple ou non, je dis non.

Dupin le jeune : Je rends hommage à la souveraineté du peuple : je connais mes devoirs et le vœu de mes commettans ; je ne crains pas que la responsabilité pèse sur ma tête : en conséquence, je dis non.

Allier.

Giraud, Forestier, Vidalin, Petit-Jean, Chevalier, non.

Martel : Citoyens, je consulte la raison, la justice et l'humanité ; je réponds que je ne crois pas devoir renvoyer au peuple la mission qu'il m'a donnée, parce que la désobéissance est attentatoire à la souveraineté du peuple : d'ailleurs j'ai pensé que l'appel au peuple n'était qu'une mesure pusillanime : je dis non.

Beauchamp, absent par commission.

Hautes-Alpes.

Borel, Barety, Cazeneuve, oui.

Serres rappelle les motifs qui l'avaient déterminé à soutenir la même opinion : il prononce oui.

Izoard : Je vote pour que la Convention fasse juger Louis par le tribunal criminel du département. Le décret qu'elle porte, ne peut pas être dans le cercle de la représentation ; ainsi, je n'opine pas plus comme juge que comme représentant. Dans le cas où la majorité de la Convention croirait devoir le condamner à mort, comme je ne pense pas que nous ayons le droit d'y condamner qui que ce soit, je vote pour la ratification du peuple.

Basses-Alpes.

Verdollin, Maisse, oui.

Peyre : Par crainte des intrigues, des piastres et des guinées, je prononce oui.

Reguis,

Regnis : Je ne suis pas de l'avis de ceux qui calomnient le peuple français : en conséquence, comme le décret que nous avons à rendre intéresse essentiellement le peuple français, et qu'il doit être expressément le vœu général, je dis oui.

Savournin, d'Herbez, non.

Ardèche.

Boissy-d'Anglas, Privat-Garilhe, Corin-Fustier, oui. -- Gleizal, non.

Gamond : Fidèle aux principes et à ma conscience, me moquant publiquement des poignards dont on a menacé, même dans le sein de la Convention, ceux qui ont voté pour l'appel au peuple, je réponds oui.

Saint-Martin et Saint-Prix, par les mêmes motifs, prononcent oui.

Ardennes.

Thirriet, Blondel, oui.

Ménesson : Je ne suis vendu ni aux puissances étrangères ni aux puissances de l'intérieur, et je dis oui.

Vermon : La vertu est en majorité dans la république : oui.

Baudin : Quatre années d'expérience dans les assemblées primaires, me forcent à dire oui.

Ferry, Robert, non.

Dubois-Crancé : L'appel au peuple est un crime de lèse-nation : non.

Arriège.

Clauzel : Non, ce serait perdre la chose publique.

Expert, non.

Vadier : Je suis le premier qui ai eu le courage de donner ma voix à l'Assemblée constituante pour nommer une Convention nationale chargée de juger le tyran, et je le croyais alors aussi scélérat qu'il l'est aujourd'hui ; et sans doute on ne me donna pas des guinées pour faire cette motion, puisqu'alors il n'y avait que des épices pour les réviseurs, et des dragées mortifères pour le peuple du Champ-de-Mars : d'ailleurs, c'est outrager le peuple que de lui renvoyer des fonctions judiciaires qu'il ne peut pas exercer. Je dis non.

Cammartin : Pour satisfaire l'impatience de mes commettans, je dis non.

Lachanal : Si le traître Bouillé, si le fourbe Lafayette, si Thierry et les intrigans ses complices votaient sur cette question, ils diraient oui : comme je n'ai rien de commun avec ces gens-là, je dis non. --- Murmures.

Gaston : L'appel au peuple ne peut avoir d'autre motif

que la crainte de voir un nouveau tyran monter sur le trône ; mais comme je suis intimement persuadé qu'il n'est aucun bon républicain qui ne brûle de le connaître pour l'exterminer, je dis non.

Aube.

Douge, Pierret, Perrin, oui.

Courtois : Au hasard de passer pour factieux, non.

Duval : Pour ne pas compromettre le salut de la république, non.

Bonnemain : Par la même raison, oui. --- Robin, non.

Garnier : Si j'avais un poltron de *oui* à vous faire passer, je ferais des phrases ; mais comme je ne suis ici que l'impulsion de ma probité, non.

Rabaut-Saint-Étienne : Je suis convaincu que le peuple, dans ses assemblées primaires, n'a pas entendu cumuler sur la tête de ses législateurs les fonctions d'accusateur, de juré et de juge. J'en suis d'autant plus convaincu, qu'à la même époque où il nomma ses députés à la Convention, il y avait une haute-cour nationale chargée de juger les crimes de haute trahison, et qu'en nommant de nouveaux jurés son intention était de voir là seulement ses juges. Votre décret qui supprime la haute-cour nationale n'a pu changer l'intention du peuple. Mais, persistant à rester membre de la Convention nationale, et appelé par elle à voter sur cette question, j'y vois un moyen de remédier à la faute qu'elle a faite. Comme ce jugement, s'il conduisait immédiatement l'accusé à la mort, pourrait produire un mal irréparable ; comme ce jugement pourrait être bientôt prononcé par le peuple, et qu'il le sera certainement par la postérité, je suis décidé à voter pour l'affirmative ; et c'est un moyen bien faible pour intimider les ames républicaines et généreuses, que cette qualification de poltronnerie que je viens d'entendre. Exprimer toujours son vœu au milieu des insultes et des menaces, c'est là le véritable courage, et c'est avec ce courage que je dis oui.

Aude.

Azéma motive le non qu'il prononce. -- Bonnet, non.

Ramel-Nogaret : Je voterai pour la mort, mais je veux que la nation sanctionne ce jugement, oui.

Tournier, Maragon, Periez jeune, Morin, oui.

Girard : Il est arrivé enfin ce jour des vengeances d'une faction infame! Français, consolez-vous ; il est arrivé aussi le jour du triomphe de l'humanité. Je ne connais que deux souverains, dieu et le peuple : j'en appelle au peuple, oui.

Aveyron.

Saint-Martin-Valogne, s'appuyant sur les principes déjà développés, prononce oui.

Lobinhes, Godefroy, oui.

Yzarn-Valady : Je ne suis ni l'ami des rois, ni l'infame suppôt d'un des ambitieux qui nous entourent. -- L'extrémité murmure. -- Le pouvoir judiciaire doit, dans les grandes causes, remonter à sa source chez les peuples régénérés : commençons aujourd'hui, oui.

Bô, Bernard Saint-Affrique, Camboulas ; Seconds, Lacombe, Louchet, non.

Bouches-du-Rhône.

Duprat : Je respecte également toutes les opinions. Cependant une considération nouvelle m'a frappé tout-à-l'heure en faveur du renvoi de notre décision à la sanction du peuple ; et je dis oui avec d'autant plus de confiance que *Philippe*, (ci-devant duc d'Orléans,) a dit non. -- L'extrémité murmure. -- Au reste ne croyez pas que je redoute ici d'engager ma responsabilité. Lorsqu'il s'agira de prononcer la peine qu'a méritée le traître, je prouverai à l'univers que l'amour de la justice et mon dévouement à la république sont pour moi au-dessus de toutes les considérations.

Rebecqui : Je vois la faction d'Orléans soudoyer bien des gens avec les piastres d'Espagne et les guinées d'Angleterre : par conséquent je dis oui.

Barbaroux : Le serment que j'ai prêté dans l'assemblée électorale du département des Bouches-du-Rhône, de juger Louis Capet, n'exclut pas la sanction du peuple. Je vote donc pour cette sanction, parce qu'il est temps que le peuple des quatre-vingt-quatre départemens exerce sa souveraineté, et qu'il écrase par la manifestation de sa volonté suprême une faction au milieu de laquelle je vois *Philippe d'Orléans*, et que je dénonce à la république en me vouant avec tranquillité aux poignards de ses assassins. (L'extrémité murmure.) J'ajoute que, comme dans des temps orageux l'homme n'est pas sûr de voir le lendemain, je dois à moi-même de déclarer que le tyran m'est odieux, que j'ai fortement coopéré à le renverser du trône, et que je prononcerai contre lui la peine la plus sévère, je dis oui.

Granet : Je suis de la même ville que les préopinans ; ils me connaissent, je les connais ; je ne suis pas de leur avis : je vote pour le non.

Bailhe : Ma responsabilité, le salut de la république, ma conscience, mon mandat, me forcent de dire oui.

Durand-Maillane : Citoyens, nous devons une explication à l'assemblée : au moyen du mandat que j'ai reçu, il m'a été donné le pouvoir de juger le ci-devant roi ; mais la nation ne m'a pas délégué sa souveraineté, et il est aussi juste que nécessaire de lui en attribuer l'exercice dans tous les actes qui intéressent la nation entière : je trouve que le décret qui va être rendu intéresse tous les citoyens, et que je ne dois pas sacrifier des principes à des considérations qui n'ont rien de certain, puisque les mêmes considérations donnent lieu ici à la plus grande diversité d'opinions : ainsi je conclus pour le oui.

Duperet : C'est par respect pour le peuple, mon souverain et le vôtre ; c'est par la confiance que j'ai en sa sagesse et en sa justice ; c'est parce que je croirais l'outrager, si je m'arrêtais un instant aux craintes qu'on veut répandre ; c'est parce que je vois depuis long-temps un Cromwel derrière le rideau, que je dis oui.

Gasparin, Pelissier, Laurent, Rovere, non.

Moyse Bayle : Je ne veux ni rois, ni protecteurs, ni dictateurs, ni triumvirs, ni aucun genre de despotisme : je veux la république indivisible. L'appel au peuple est le signal de la guerre civile et du retour de la tyrannie : c'est pourquoi je dis non.

Calvados.

Fauchet : Par respect pour le peuple qu'on outrage en le supposant capable de se déchirer pour un homme ; par respect pour tous les principes qui intéressent l'universalité de l'empire ; par respect pour la liberté de la patrie, qui n'a rien à craindre du peuple français, et qui a tout à craindre des factions qui nous environnent, je dis oui.

Dubois-Dubay : Craindre la guerre civile, c'est outrager le peuple. J'ai pour moi l'expérience du contraire ; je le connais assez pour dire avec confiance, oui.

Lomont : Malgré les injures méprisables dont nous sommes couverts, et qui se ressentent de la source impure d'où ils partent, je dis oui.

Henry-Larivière : comme c'est affaiblir une proposition évidente que de la motiver, j'énonce purement et simplement mon vœu : oui.

Doulcet : Si la mesure que j'ai indiquée à la convention est admise, la ratification du peuple devient évidemment inutile ; mais interpellé vaguement de dire si le jugement de la convention doit être soumis à la sanction du peuple, je dis non.

Tavaud : Je respecte la liberté des opinions ; je ne crois pas qu'on puisse faire l'injustice à aucun de nous, de croire qu'ils peuvent influencer la liberté de leurs collègues : ils sont bien faibles ceux-là qui, par leurs personnalités et leurs sottises, penseraient pouvoir y réussir ; ils ne leur rendent pas justice, ils ne me la rendent pas à moi-même.

(53)

Je crois que, quelque parti que nous prenions, il y aura des inconvéniens ; mais je me plais à rendre hommage à la souveraineté du peuple ; je dis oui.

Dumont : Citoyens, je suis législateur, et je veux que toutes les lois constitutionnelles soient soumises à la sanction du peuple. Cette mesure est surtout utile dans cette affaire. Le tyran puni, je vois derrière lui des traîtres et des prétendans qui m'inquiètent. Je veux que le peuple leur apprenne, en proscrivant lui-même celui qui fut son roi, ce qu'ils doivent craindre en aspirant à la tyrannie ; je réponds oui.

Vardon, Jouene, Cussy, Legot, oui. -- Bormet, non.

Philippe Delleville : Pour ne pas exercer un pouvoir dictatorial, je dis oui.

Cantal.

Thibault : Louis n'est pas le dernier de sa race : d'ailleurs, j'ai fait des juges, et je ne le suis pas : oui.

Mejoulac, Chabanon, Penvergue, oui. -- Lacoste, non.

Milhaud : On aurait dû écarter de nous toute idée de soumettre à la sanction du peuple le jugement du ci-devant roi. La souveraineté de la nature est au-dessus de la souveraineté du peuple ; les peuples n'ont pas le droit de faire grâce aux tyrans ; et quand même l'impunité de la tyrannie seroit autorisée par une déclaration nationale, la nature conserverait à chaque citoyen le droit des Brutus. Oser recourir à la souveraineté du peuple pour le jugement d'un roi, c'est abuser de la souveraineté du peuple, je suis donc d'avis d'écarter l'appel, et je dis non.

Carrier : Citoyens, comme je ne crains rien, pas même les intrigans ; comme s'il se présente jamais un tyran, sous quelque dénomination que ce puisse être, je ne me mettrai pas dans mon lit, et je ne donnerai pas mon arme à mon camarade, je dis non.

J. Mailhe, absent sans cause, et censuré.

Charente.

Riberault énonce les principes, et prononce oui.

Devars : Je connais nos dangers, qui pourrait les ignorer, après avoir entendu les motions faites dans une société célèbre, et environnée de cinquante mille hommes qui nous poursuivent par pelotons dans cette ville, et nous menacent de la mort ? Mais j'oublie toutes mes affections ; je m'oublie moi-même pour me dévouer au salut du peuple, et je prononce oui.

Bellegarde : Non, avec toute l'affirmation possible -- On rit.

Brun : Je dis oui avec la même fermeté que Bellegarde a dit non.

Maulde, oui -- Guimbertau, Chazeau, Chedaneau, Crevelier, non.

Charente-Inférieure.

D'Autriche, oui.

Bernard : Ce serait trop honorer le crime et le criminel, que réunir le peuple français pour juger Louis : j'ajoute que le peuple n'a point été consulté sur le décret du 19 novembre, qui cependant ne peut s'exécuter sans les bras et sang du peuple : je dis non.

Bréard, Echasseriaux, Niou, Ruamps, Garnier, Dechezeau, Lozeau, Giraud, Vinet, non.

Cher.

Allasœur, Baucheton, Dugenne, Pelletier, oui. -- Fouchet, Fauvre Labrunerie, non.

Corrèze.

Lidon, oui.

Chambon : Avant de quitter mes commettans, je leur ai promis de défendre la liberté de mon pays aux dépens de ma vie... Je crois que le renvoi au peuple est un moyen de sauver la république. Tout, depuis que je suis ici, me prouve qu'il en existe une formidable : c'est la bonne foi de mes collègues, ou leur faiblesse, qui a étayé l'espoir de cette faction. J'ajoute que s'il y a quelque courage à s'exprimer ici sur telle et telle opinion, sans doute c'est sur celle qui a le moins de faveur, c'est sur celle qui a été désignée à la hache des bourreaux. Comme je vote oui, je m'attends à tout, et je m'honore d'être du nombre de ceux qui ont tout à risquer.

Brival : Citoyens, comme Louis n'a pas demandé la sanction du peuple pour se coaliser et livrer la France à nos ennemis ; comme il ne l'a pas demandée quand il a tyrannisé et fait égorger cent mille Français ; comme nous sommes envoyés ici pour venger la nation, et comme nous ne devons mettre aucune différence dans la punition des coupables, et que la plupart de ceux qui ont commis les crimes dont le tyran devoit profiter, ont déjà péri sur l'échafaud...; comme, enfin, je prends l'engagement de périr et d'exterminer le premier intrigant qui voudrait monter sur le trône, je manifeste mon opinion, et je dis non.

Borie, Lanat, Penière, non.

Côte-d'Or.

Lambert, Marey jeune, oui. -- Basire, Guyton-Morveau, Prieur, Oudot, Guyot-Florent, Rameau, Berlier, Trullard, non.

Corse.

Bozy, Andrey, oui.

Chiappe : L'on doit respecter sans doute les opinions, mais non pas les personnalités : on a parlé ici de lâcheté, de vénalité, est-ce qu'on voudrait attribuer ces bas moyens à tous ceux qui opinent pour l'affirmative dans la question de l'appel au peuple ? Connaissent-ils bien, ces hommes impudens, tous les membres qui sont pour l'affirmative ? Je ne hazarderai jamais de jugemens téméraires contre mes collègues ; l'expérience nous les fera connaître. Je pense que l'or et l'honneur n'ont jamais été mis dans la même balance par les vrais républicains.

J'espère, et il est important que ces injures cessent parmi nous ; et il est temps que la différence des opinions ne soit plus regardée dans cette assemblée comme un crime. (Quelques voix : Au fait.) Je suis un de ceux qui pourrait voter contre l'appel au peuple sans commettre d'inconséquence, parce que je ne me trouvais pas parmi vous au moment où vous avez décrété le renvoi de la constitution à la sanction du souverain ; mais vous avez bien fait. Eh bien ! qu'est-ce qui vous arrête maintenant ? Expliquez-vous. Trouverait-on le jugement de Louis moins important pour la république qu'un autre de vos décrets ?

On affecte de craindre la guerre civile : c'est bien pour l'éviter, c'est pour prévenir les grands inconvéniens que cette affaire présente ; c'est enfin pour ne point commettre d'attentat contre la souveraineté du peuple, que votre jugement doit être soumis à sa ratification. Les puissances étrangères trembleront ; elles respecteront en silence ce grand jugement, quel qu'il soit, quand elles réfléchiront qu'au lieu d'avoir été rendu souverainement par 745 députés, il l'a été par la République entière. On parle du courage : s'il en faut dans cette affaire, c'est bien en prononçant le renvoi au peuple. Je vote pour oui.

Salliceti, Casa-Bianca, Moltève ; non.

Côtes du Nord.

Goudelin, Champeaux, Giraut, oui.

Guyomar : Songez, législateurs, songez qu'il existe une faction qui suffit seule pour perdre la République ; oublions-nous, sauvons le peuple, sauvons-le par notre union ; il en est encore temps. Je propose, avec la conscience d'un honnête homme, l'appel au souverain, comme la mesure que je crois la plus propre pour sauver ma patrie. Exempt de reproches depuis la révolution, je ne crains pas de mes commettans celui d'avoir dit avec fermeté et courage, oui.

Fleury : L'opposition à l'appel au peuple est une espèce de despotisme ; je dis oui.

Coupé, Gautier jeune, Loncle, non.

Creuse.

Debourges, Huguet, Contisson-Dumas, Guyez, Jorrand, Texier, oui.

Baraillon : Je demande que si l'on condamne Louis à mort, la sanction soit renvoyée au peuple.

Dordogne.

Allafort, Meynard, oui. -- Lamarque, Pinet aîné, Lacoste, Roux-Fazillac, Peyssart, Gambert, Bouquier aîné, Taillefer, non.

Doubs.

Seguin, oui. -- Quirot, Michaud, Monnot, Vernerey, Basson, non.

Drôme.

Gérente, Marbos, Coland, oui.

Martinel : Je réclame contre un décret monstrueux, extorqué plutôt par la vengeance que rendu par la sagesse. La République ne peut exister que quand le peuple l'aura fondée : je fais appel au peuple de ces décrets, et je dis oui.

Jacomin, Fayole, Sautaira, non.

Julien : Je suis intimement convaincu que la meilleure manière de rendre hommage à la souveraineté du peuple, c'est de l'exercer nous-mêmes pour le salut de la république. Je dis non.

Boisset : Comme j'aime le peuple, dont je ne veux pas causer les malheurs ; comme je hais les rois qui les ont toujours occasionnés, je dis non.

Eure.

Léonard Buzot, Richoux, Lemaréchal, Savary, Dubusc, oui.

Vallée : Il n'y a aucune puissance qui puisse m'empêcher de remplir l'étendue de mes mandats. Je crois que, même lorsque le peuple donne des mandats illimités, son intention cependant est de ne déléguer que les pouvoirs qu'il ne peut pas exercer lui-même, et de se réserver ceux dont l'exercice lui est possible.

Le peuple français ne pouvait pas prononcer sur des faits dont Louis Capet était accusé ; car il ne pouvait pas se réunir en masse dans un même lieu, pour l'entendre et examiner les pièces de conviction.

Cette impossibilité imposait à ses mandataires l'obligation de prononcer sur ces faits, et ils ont rempli ces devoirs. Maintenant le peuple français peut prononcer sur l'application de la peine à infliger à Louis Capet : il peut pro-

noncer

noncer sur les mesures à prendre, et pour la sûreté de l'état et pour le maintien de la liberté ; et je dis que dès lorsqu'il le peut, la convention nationale ne le peut pas.

Je ne suis pas effrayé, moi, par ces prétendues inquiétudes de guerre civile ; je sais que ces prétextes ont toujours été ceux des rois, lorsqu'ils ont voulu interdire les assemblées populaires, qui mettaient un frein à leur autorité ; je sais que ce langage sera toujours aussi celui des hommes qui voudront faire prédominer leurs opinions privées sur la volonté générale, et mettre leur intérêt personnel à la place de l'intérêt public.

Je dis que la majorité n'a véritablement d'autre intérêt que d'avoir un gouvernement républicain ; je n'ai pas la même confiance dans une assemblée de 7 à 800 hommes, dont les intérêts privés pourraient bien ne pas être conformes à ceux de la nation. Voilà quel est mon vœu, et je n'en ai pas d'autre à émettre, car je ne veux dire ni oui ni non. (Quelques voix : au fait, dites oui ou non.) Je ne veux rien prononcer.

Lemaréchal : Je crois que dans le cas où la convention nationale porterait un jugement sur Louis, il ne peut être mis à exécution avant d'avoir été ratifié par le peuple réuni en assemblées primaires.

Duroy, Lindet, Bouillerot, Robert-Lindet, non. -- Toppsent, malade.

Eure et Loire.

Brissot, Bourgeois, Loiseau, oui.

Pétion : Mon avis n'étant pas celui de la majorité, ce que je désirerais le plus pour la tranquillité publique, c'est que les vœux opposés à ceux de la minorité fussent plus nombreux encore qu'ils ne le sont. Mais ce décret rendu, il n'est aucun membre dans cette assemblée qui ne se fasse un devoir sacré de lui obéir et de le défendre. Je dis oui.

On murmure dans les tribunes : elles sont rappelées à l'ordre.

Giroust : Malgré les fanfaronnades de ces Brutus de tribunes, je vote pour le oui.

Lesage : Citoyens, ne disputons point de courage, disputons de principes. Les principes et les raisons se trouvent dans la souveraineté du peuple. Je n'examine point ici si quelques-uns de mes collègues, profitant de la liberté que nous avons de manifeter nos opinions, se sont permis de laisser échapper quelques mots de reproche, peut-être des injures. Je n'examinerai pas non plus s'il y a de la lâcheté à dire oui plutôt que non ; je le dis en présence de ceux qui ont avancé une telle maxime;

j'ai motivé mon opinion sur la première question ; je l'ai fait sans crainte, parce que je jugeais sans passion ; j'étais convaincu, ma conscience me criait oui. Sur la seconde question, la ratification du peuple sera-t-elle adoptée ? Voici mon opinion. Mes pouvoirs sont illimités ; je crois donc pouvoir exercer tout le pouvoir que le peuple m'a transmis ; je crois donc avoir le droit de prononcer sur l'affaire de Louis. Lorsque je considère que les Français sont tous dévoués au maintien d'un gouvernement républicain ; que plusieurs communes ont déjà éprouvé l'abolition de la royauté ; qu'elles ne souffriront jamais qu'on voulût leur donner un roi, et que toutes les factions qui pourraient en former l'entreprise ne pourraient s'en promettre aucun succès, je crois devoir me dispenser de voter contre la sanction : je dis oui.

Chasles, Fremenger, non. -- Delacroix, absent par commission.

Finistère.

Blad, J. Queinec, Kervelegan, Gomaire, oui.

Marec : La décision que vous allez porter sur Louis Capet doit avoir la même influence sur le peuple, que la constitution que vous préparez pour son bonheur : quoique vous ayez des pouvoirs illimités, vous avez déclaré que cette constitution n'aurait d'effet qu'autant qu'elle serait acceptée par le peuple ; je trouve que le jugement que vous porterez contre Louis ne pourra avoir d'exécution que par la ratification. Je vote pour oui.

Bohan : il est sans doute plus courageux de braver les menaces des factieux et des scélérats, sans trahir sa conscience, que d'empêcher le peuple, sous des prétextes ridicules, d'exercer sa souveraineté. D'ailleurs, je suis persuadé que je ne puis être en même-temps juge et législateur, et je dis oui.

Guesno, non.

Guermeur : La cumulation des pouvoirs que nous avons reçus de nos commettans, le mandat spécial qui nous a officiellement été donné pour venir prononcer sur le sort du roi, la nature de l'acte que nous exerçons, et qui n'est pas un acte constitutionnel, le danger de convoquer les assemblées primaires pour délibérer sur le sort d'un individu, m'engagent à dire non.

Le président proclame le résultat de cet appel.

Sur 717 membres présens, 10 ont refusé de voter, 484 ont voté contre l'appel au peuple, 283 ont voté pour. La majorité absolue était de 359. Elle excède 141 voix.

La Convention rejette le recours au peuple.

Avant de faire l'appel nominal sur la question , *quelle peine doit-on infliger à Louis ?*

On demande quelle majorité sera nécessaire pour déterminer la peine.

M. Garan-Coulon pense qu'il faut la majorité absolue.

Lehardy (du Morbihan) veut l'unanimité des voix.

M. Danton propose la simple majorité.

M. Lanjuinais. Il ne s'agit pas ici de crainte. Vous ne devez craindre que de violer la justice et la raison. La première violation des principes fait toujours marcher de violation en violation. Je pourrais vous en donner plusieurs exemples dans cette affaire même. Mais, du moins , soyez conséquens dans cette violation des principes. Soyez au moins d'accord avec vous-mêmes. Vous invoquez sans cesse le code pénal. Vous nous dites sans cesse : nous sommes jury ; eh bien ! c'est le code pénal que j'invoque. Ce sont ces formes du jury que je demande , et auxquelles je vous supplie de ne pas faire d'exception.

Mais vous dites aussi que les lois se font à la majorité , plus une. Eh bien , vous faites donc un acte mixte, et qui participe de vos deux fonctions. Vous avez rejeté toutes les formes que peut-être la justice , et certainement l'humanité réclamaient, la récusation et la forme silencieuse du scrutin , qui seule peut garantir les suffrages. On croyait délibérer ici dans une Convention libre, mais *c'est sous les poignards et les canons des factieux.* (On murmure.) Je le pense, je le dis. Daignez peser toutes ces considérations ; c'est pour obtenir l'exécution de la loi que je les présente ; c'est en faveur de la justice et de l'humanité que je demande , aux termes de la loi, les trois quarts des suffrages. On murmure de nouveau.

La Convention passe à l'ordre du jour sur toutes ces propositions , motivé sur ce que tous ses décrets doivent être rendus indistinctement à la majorité.

L'appel commence à 6 heures du soir. Il ne finit que le 17 à 7 heures du soir. Voici cet appel.

Quelle peine sera infligée à Louis ?

DÉPARTEMENT DE LA HAUTE-GARONNE.

Mailhe , la mort : il demande , si cette opinion passe, que l'assemblée discute le point de savoir s'il conviendra à l'intérêt public que l'exécution ait lieu sur-le-champ , ou qu'elle soit différée. Cette proposition est indépendante de son *vote*.

Delmas , Projean , la mort.

Perès , la réclusion , et l'expulsion à la paix , comme mesure de sûreté générale.

Julien , Calès , la mort.

Estadin , la réclusion , et l'expulsion à la paix.

Ayral , la mort.

Desacy , la mort : Il demande , si cette opinion passe , que l'assemblée discute le point de savoir s'il conviendra à l'intérêt public que l'exécution ait lieu sur-le-champ , ou qu'elle soit différée ; cette proposition est indépendante de son vœu.

Rouzet ; la réclusion à temps , comme mesure de sûreté générale.

Drulhe , la réclusion jusqu'à ce que les puissances de l'Europe ayent reconnu l'indépendance de la république française ; le bannissement alors , sous peine de mort.

Mazade , la réclusion perpétuelle.

Gers. -- Laplaigne , Maribon-Montant , Descamps , la mort.

Cappin , la réclusion jusqu'à l'affermissement de la liberté ; et le bannissement ensuite.

Barbeau-Dubarran, Laguire, Ichon, Bousquet, la mort. Moysset , la réclusion , l'expulsion à la paix.

Gironde. -- Vergniaud , Guadet , la mort. Ils demandent , etc. (*Voyez* Mailhe , Haute-Garonne.)

Gensonné , la mort. Il demande qu'afin de prouver à l'Europe que la condamnation de Louis n'est pas l'ouvrage d'une faction , la Convention délibère , immédiatement après son jugement , sur les mesures de sûreté à prendre en faveur des enfans du condamné , et contre sa famille ; et qu'afin de prouver aussi qu'elle n'admet point de privilége entre les scélérats , elle enjoigne au ministre de la justice de poursuivre pardevant les tribunaux les assassins et les brigands des 2 et 3 septembre.

Grangeneuve , la détention.

Jay de Sainte-Foy, Ducos , Garraud , Boyer-Fonfrède, la mort.

Duplantier , la mort. (*Voyez* Mailhe , Haute Garonne.)

Deleyre , la mort.

Lacaze , la réclusion jusqu'à la paix, ou jusqu'à ce que l'indépendance de la république soit reconnue; le bannissement ensuite.

Bergoing , la réclusion.

L'Hérault. -- Cambon , Bonnier , la mort.

Curée , la réclusion , et la déportation à la paix.

Viennet, la réclusion jusqu'à la paix , ou jusqu'à ce que les puissances de l'Europe ayent reconnu l'indépendance de la république ; le bannissement alors , sous peine de mort.

Rouyer , la mort.

Cambacerès : les peines prononcées par le code pénal , avec sursis jusqu'à la paix ; alors faculté de commuer ces peines ; mais leur exécution rigoureuse dans les 24 heures de l'invasion qui pourrait être faite du territoire français par l'ennemi.

Brunel, la réclusion, comme mesure de sûreté générale , sauf la déportation suivant les circonstances.

Fabre , la mort.

Castilhon , la réclusion , et le bannissement à la paix.

Ille et Villaine. -- Lanjuinais , la réclusion , le bannissement à la paix sous peine de mort.

Defermon , la réclusion.

Duval , Sevestre , Chanmont , la mort.

Lebreton , la réclusion à perpétuité.

Dubignon , la détention jusqu'aux prochaines assemblées primaires, qui pourront confirmer la peine ou la commuer.

Obelin , la détention ; la déportation à la paix.

Beaugeard , la mort.

Maurel , la détention jusqu'à la paix et l'affermissement de la république , le bannissement ensuite.

Indre. -- Porcher , la détention ; le bannissement à la paix.

Thabaud , la mort. (*Voyez* Mailhe, Haute-Garonne.)

Pépin , la détention , la déportation à la paix.

Boudin , la détention , la déportation à la paix.

Lejeune , la mort.

Derazey, la réclusion , sauf la déportation suivant les circonstances.

Indre et Loire. -- Nioche , la mort.

Dupont, la mort.

Pottier , la mort.

Gardien , la réclusion ; la déportation à la paix.

Ruelle , la mort, conformément au code pénal. Il demande que l'assemblée examine si , sous des rapports politiques, il ne serait pas de l'intérêt public de commuer la peine ou d'en suspendre l'exécution.

Champigny-Clément , Ysabeau, la mort.

Bodin , la réclusion ; le bannissement sous peine de mort, un an après la paix.

Isère. -- Baudran , Genevois, la mort.

Servonat , la réclusion ; le bannissement à la paix ; sous peine de mort.

Amar , la mort.

Prunelle-de-Lierre , le bannissement sans délai , avec toute sa famille , sous peine de mort.

Réal , la détention provisoire , par mesure de sûreté générale , sauf à commuer cette peine dans des temps plus calmes.

Boissieux , la détention ; le bannissement à la paix.

Genissieu , la mort. (*Voyez* Mailhe , Haute-Garonne.)

Charrel , la mort.

Jura. -- Vernier , la détention ; le bannissement à la paix.

Laurençot , la réclusion ; le bannissement à la paix.

Grenot , Prost , Amyon , la mort.

Babey , la détention ; le bannissement à la paix , sous peine de mort.

Ferroux-Desalins , la mort.

Bonguyode , la détention perpétuelle , sauf à la commuer en déportation , suivant les circonstances.

Landes. -- Dartigœyte , la mort , sans délai.

Lefranc , la réclusion ; le bannissement à la paix.

Cadroy , la détention.

Ducos aîné , Dizès , la mort.

Saurine , la détention de Louis et de sa famille dans un lieu sûr , jusqu'à la paix , sauf à prendre alors les mesures les plus utiles.

Loire et Cher. -- H. Grégoire , absent par commission , il écrivit avec ses collègues pour annoncer à l'Assemblée , que , convaincu des trahisons non interrompues de ce roi parjure , il demandoit qu'il fût condamné par la convention sans appel au peuple.

Chabot , Brisson , Fressine , la mort.

Lecler , la détention perpétuelle.

Venaille , Foussedoire , la mort.

Haute Loire. -- Reynaud , la mort.

Faure , la mort , avec exécution dans le jour.

Delcher , Flageas , Bonnet fils , la mort.

Camus , absent par commission.

Barthelemy , la mort.

Loire Inférieure. -- Meaulle , la mort.

Lefebvre , Chaillon , Mellinet , la réclusion ; la déportation à la paix.

Villers , Fouché , la mort.

Jarry , Coustard , la réclusion ; le bannissement à la paix.

Loiret. -- Gentil , la détention ; la déportation à la paix.

Garran-Coulon , la réclusion , comme mesure de sûreté générale.

Lepage, la détention ; le bannissement à la paix.

Pellé, la détention, la déportation à la paix.

Lombard-Lachaux, la mort.

Guérin, la détention ; l'expulsion à la paix.

Delagueille, la mort.

Louvet, la mort, sous la condition expresse de surseoir jusqu'après l'établissement de la constitution.

Léonard Bourdon, la mort, l'exécution dans les 24 heures.

Lot. -- Laboissière, la mort. (Voyez Mailhe, Haute-Garonne.

Glodel, la mort.

Salleles, la réclusion, le bannissement à la paix.

Jean-Bon-Saint-André, Mommayau, Cavaignac, la mort.

Bonygues, la réclusion.

Cayla, absent par maladie.

Delbrel, la mort, sous la condition expresse de surseoir jusqu'à ce que la convention ait prononcé sur le sort des Bourbons.

Lot et Garonne. -- Vidalot, la mort.

Laurent, la réclusion.

Paganel, la mort. (Voyez Mailhe, Haute-Garonne.)

Glaverie, Laroche ; la réclusion, le bannissement à la paix.

Boussion, la mort.

Guyet-Laprade, la détention, le bannissement à la paix.

Fournel, la mort.

Noguer, la réclusion jusqu'à la paix, et le bannissement dans un moment opportun.

Lozère. -- Barrot, la déportation de Louis, de sa femme et de ses deux enfans, à titre de mesure de sûreté générale, dans une de nos îles la plus inaccessible, à l'époque qui sera déterminée par la convention ; ils y seront gardés par un corps de Parisiens et de fédérés jusqu'à ce que cette mesure soit jugée inutile.

Châteauneuf-Randon, la mort.

Servière, la mort dans le cas seulement où l'ennemi envahirait le territoire français jusque-là, la réclusion dans un lieu de sûreté.

Monestier, la mort, avec sursis jusqu'à la paix.

Pelet, absent par commission.

Maine et Loire. -- Choudieu, Delaunay, (d'Angers) l'aîné, la mort.

Dehoulières, la réclusion de Louis, sa déportation à la paix ainsi que celle de sa famille.

Reveliere Lepeaux, la mort.

Pilastre, la réclusion, le bannissement à la paix.

Leclerc, la mort.

Dandenac aîné, Delaunay jeune, la réclusion, le bannissement à la paix.

Perard, la mort.

Dandenac jeune, la déportation de tous les prisonniers du Temple.

Lemaignan, la détention, le bannissement à la paix.

Manche. --- Gervais Sauvé, Poisson, la réclusion, la déportation à la paix.

Lemoine, Letourneur, la mort.

Ribet, la mort, avec la réserve qu'il y sera sursis jusqu'à ce que toute la race des Bourbons ait quitté le territoire de la République.

Pinel, la détention, la déportation à la paix.

Lecarpentier, Havin, la mort.

Bonnesœur, la mort, avec sursis, jusqu'à ce que l'acte d'accusation soit porté contre Marie-Antoinette, et que la famille des Capets ait quitté la France.

Engerran, la détention perpétuelle.

Bretel, la détention, le bannissement à la paix.

Laurence-de-Villedieu, la mort, sursis à l'exécution tant que l'Espagne ne fera pas la guerre à la France, et jusqu'à ce que l'Allemagne nous ait donné une paix honorable.

Michel Hubert, la mort.

Marne. -- Prieur, Thuriot, Charlier, Charles Delacroix, Deville, la mort.

Poulain, la réclusion, le bannissement à la paix.

Drouet, Armonville, la mort.

Blanc, la réclusion, le bannissement à la paix.

Batellier, la mort.

Haute-Marne. -- Guyardin, la mort : l'exécution dans vingt-quatre heures.

Monnel, Roux, Valdruche, Chaudron, Laloy, la mort.

Wandelaincourt, le bannissement.

Mayenne. -- Bissy jeune, la mort : sursis jusqu'au moment où les puissances étrangères envahiraient le territoire français ; et dans le cas où elles ne feraient pas cette invasion, et où la paix serait assurée ; il demande que la convention ou l'assemblée qui lui succédera, délibère s'il y a lieu alors de commuer la peine.

Esnue, (Joachim) Grosse-Durocher, la mort.

Enjubault, Serveau, la mort avec sursis. (*Voyez* Bissy le jeune.)

Plaichard-Chottière, la détention de Louis ; son bannissement, ainsi que celui de sa famille, à la paix.

Villars, la détention : le bannissement à la paix.

Lejeune, (René - François) la détention perpétuelle.

Meurthe.

Meurthe. --- Salle, la détention ; le bannissement à la paix.

Mallarmé, Levasseur, la mort.

Mollevault, la détention : le bannissement à la paix.

Bonneval, la mort.

Lalande, le bannissement le plus prompt.

Michel, la détention : le bannissement à la paix.

Zangiacomi fils, la détention : le bannissement, quand la sûreté publique le permettra.

Meuse. -- Moreau, la détention : le bannissement à la paix.

Marquis, la détention comme ôtage, responsable sur sa tête des nouvelles invasions que les puissances étrangères pourraient faire sur le territoire de la république ; le bannissement au moment où les représentans du peuple croiront pouvoir, sans danger, exécuter cette mesure.

Tocquot, la détention : le bannissement à la paix, et jusqu'à ce que les puissances de l'Europe aient reconnu l'indépendance de la république.

Pons, la mort.

Roussel, la détention : le bannissement à la paix.

Bazoche, la détention comme ôtage. (*Voyez* Marquis.)

Humbert, la détention : le bannissement à la paix, sous peine de mort.

Harmand, le bannissement immédiat.

Morbihan. -- Lemalliand, la détention, le bannissement à la paix, sous peine de mort.

Lehardy, la détention de Louis, son bannissement et celui de tous les Bourbons, après l'acceptation de la constitution par le peuple.

Corbel, la détention comme ôtage, sauf les mesures ultérieures.

Lequinio, mort.

Audrein, la mort, avec la condition d'examiner s'il est expédient ou non de différer.

Gillet, la détention de Louis, son bannissement et celui de sa famille à la paix.

Michel, la détention, la déportation, dès que la sûreté publique le permettra.

Rouault, la réclusion : l'expulsion à la paix.

Moselle. -- Absent par commission.

Anthoine, la mort.

Couturier, absent par commission.

Hentz, la mort.

Blaux, la détention ; le bannissement à la paix.

Thirion, la mort.

Becker, la détention perpétuelle.

Bar, la mort.

Nièvre. -- Sautereau, Damerond, Lefiot, Guillerault, Legendre, la mort.

Goyre-la-Planche, la mort dans le plus bref délai.

Jourdan, la détention : le bannissement au moment où la convention ou la législature suivante croiront pouvoir, sans danger, procéder à l'exécution de ce décret.

Nord. -- Merlin, Duhem, la mort.

Gossuin, absent par commission.

Cochet, la mort.

Fockedey, la détention de Louis et de sa famille ; leur bannissement quand le danger de la patrie n'existera plus.

Joseph Lesage-Senault, la mort : l'exécution dans vingt-quatre heures.

Carpentier, Sallengros, la mort.

Poulletier, la mort dans vingt-quatre heures.

Aoust (Jean-Marie,) Boyaval, (Laurent) Briez, la mort.

Oise. -- Coupé, Calon, Massieu, la mort.

Charles Villette, la réclusion, le bannissement à la paix.

Mathieu, Anacharsis Clootz, la mort.

L. Portiez, la mort, (*Voyez* Mailhe, Haute-Garonne.

Godeffroy, absent par commission.

Bezard : Isoré, la mort.

Delamarre, la réclusion ; le bannissement six mois après la paix, en énonçant toutefois que Louis, pour ses crimes, avait mérité la mort.

Bourdon, la mort.

Oise. --- Dufriche-Valazé, la mort, sursis jusqu'à ce que l'assemblée ait prononcé sur le sort de la famille de Louis.

Lahosdinière, la mort.

Plet Beauprey, la mort : sursis jusqu'à ce que l'assemblée ait pris des mesures pour que la famille des Bourbons ne puisse nuire à la république.

Duboé, la réclusion pendant la guerre ; le bannissement après la paix, l'affermissement du gouvernement républicain, et sa reconnaissance par les puissances de l'Europe ; et si, au mépris de pareilles mesures, quelques-unes de ces mêmes puissances envahissaient le territoire français, il condamne dès-à-présent Louis à perdre la tête aussitôt que la première prise d'une de nos villes frontières aura été officiellement connue des représentans de la nation.

Dugué-Dassé, la détention, le bannissement à la paix.

Desgroas, la mort.

Thomas, la mort, avec sursis jusqu'au cas où l'ennemi envahirait le territoire français.

Fourmy , la détention ; la déportation à la paix , sous peine de mort : à la condition de la ratification immédiate du peuple , à laquelle seront également envoyés les décrets d'abolition de la royauté , de l'unité et indivisibilité de la république , et de la peine de mort contre ceux qui tenteraient le rétablissement de la royauté.

Julien Dubois , Colombel , la mort.

Paris. -- Robespierre , Danton , Collot-d'Herbois , la mort.

Manuel , la détention dans un fort , ailleurs qu'à Paris , jusqu'à ce que l'intérêt public permette la déportation.

Billaud-Varennes , la mort dans vingt-quatre heures.

Camille Desmoulins , la mort.

Marat , la mort dans vingt-quatre heures.

Lavicomterie , Legendre , la mort.

Raffron , la mort dans vingt-quatre heures.

Panis , Sergent , Robert , la mort.

Dusaulx , le bannissement à la paix.

Fréron , la mort dans vingt-quatre heures.

Beauvais , Fabre d'Eglantine , Osselin , Robespierre jeune , David , Boucher , Laignelot , la mort.

Thomas , la détention jusqu'à la paix , et la mort dans le cas d'envahissement du territoire français de la part des puissances étrangères.

L. J Egalité , la mort.

Pas-de-Calais. -- Carnot , Duquesnoy , Lebas , la mort.

Thomas-Payne , Personne , la détention ; le bannissement à la paix.

Guffroy , la mort. dans le délai de la loi.

Enlart , la déportation dans une de nos îles , pour y être détenu , et le bannissement de toutes les terres de la république à la paix.

Bollet , la mort.

Migniez , la détention : le bannissement à la paix.

Daunou , la détention : la déportation à la paix.

Varlet , la détention : le bannissement à la paix , sous peine de mort.

Puy-de-Dôme. -- Couthon , Gibergues , Maignet , Gilbert , Romme , Soubrany , la mort.

Bancal (Henri ,) la détention , comme ôtage , sous la condition de répondre , sur sa tête , de l'invasion du territoire français par l'ennemi ; le bannissement à la paix.

Girod-Pouzol , la détention ; le bannissement à la paix.

Rudel , Blancval , Monestier , Dulaure , Latoue , la mort.

Hautes-Pyrénées. -- Barère (Bertrand ,) la mort.

Dupont , la mort , avec sursis jusqu'à l'expulsion de la famille des Bourbons.

Gertoux, la détention ; le bannissement à la paix.

Picqué, la mort, avec sursis jusqu'à la fin des hostilités.

Feraud, Lacrampe, la mort.

Basses-Pyrénées. -- Sanadon, la détention, jusqu'à ce que la république soit reconnue par les puissances de l'Europe ; le bannissement alors sous peine de mort.

Cout, la détention ; le bannissement à la paix, sous peine de mort.

Pémartin, la détention ; le bannissement à la paix.

Meillant, la détention ; le bannissement après l'affermissement de la république.

Casenave, la détention ; le bannissement à la paix.

Neveux, la détention, sauf à prendre à la paix des mesures ultérieures.

Pyrénées Orientales. --- Guiter, la détention ; le bannissement à la paix.

Fabre, absent par maladie.

Broteau, la mort ; sursis jusqu'à la paix, et après l'expulsion des Bourbons.

Montégut, Cassanyes, la mort.

Haut-Rhin. --- Reubell, absent par commission.

Ritter, Laporte, la mort.

Johanot, la mort. (*Voyez* Mailhe, Haute-Garonne.)

Philiger aîné, la mort.

Albert aîné, la détention ; le bannissement à la paix.

Dubois, la détention ; le bannissement, quand la sûreté publique le permettra.

Bas-Rhin. -- Ruhl, absent par commission.

Laurent, Bentabole, la mort.

Dentzel, absent par commission.

Louis, la mort.

Ehrmann, absent par maladie.

Arbogast, Christiani, la détention ; le bannissement à la paix.

Simond (Philibert,) absent par commission.

Rhône et Loire. --- Chasset, la détention ; le bannissement à la paix.

Dupuis fils, la mort.

Vitet, la détention, et le bannissement de la race des Bourbons.

Duboucher, la mort.

Mercelin-Beraud, la détention ; le bannissement à la paix.

Pressavin, la mort.

Patrin, la détention ; le bannissement à la paix.

Moulin, la mort ; sursis jusqu'après le bannissement des Bourbons.

Michet , la détention perpétuelle.

Forest , la détention ; le bannissement à la paix.

Noël Pointe , Cusset , Javoque fils , la mort.

Lanthenas , la mort ; sursis jusqu'à ce que nos ennemis nous laissent en paix , et que la constitution soit parfaite- ment assise ; la proclamation de ce décret, avec appareil , dans la république et dans toute l'Europe ; l'abolition de la peine de mort, le lendemain du jour qui suivra la déci- sion de la convention , en exceptant Louis , si ces parens et ses prétendus amis envahissent notre territoire.

Fournier , la détention ; le bannissement à la paix.

Haute-Saône. -- Gourdan , la mort.

Vigneron , la détention ; le bannissement à la paix.

Siblot , la mort. (*Voyez* Mailhe, Haute-Garonne.)

Chauvier , Balivet , la détention ; le bannissement à la paix.

Dornier , Bolot , la mort.

Saône et Loire. -- Delin , la mort.

Massuyer , la détention ; le bannissement à la paix , avec toute sa famille.

J. Carra , Guillermin , Reverchon , Guillemardet , Bandot, la mort.

Bertucat , la détention perpétuelle.

Mailly , Moreau , la mort.

Montgilbert , la mort ; sursis jusqu'à l'affermissement de la paix et de la constitution , moment auquel le peuple sera consulté pour confirmer ou commuer la peine , exé- cution , néanmoins , en cas d'invasion.

Sarthe. -- Richard , Primaudière (François) , la mort.

Salmon , la réclusion , l'expulsion à la paix et après l'affermissement de la constitution.

Philippeaux , la mort : exécution prompte.

Boutrole , Letasseur , la mort.

Chevalier , la détention ; le bannissement à la paix.

Froger , Sieyes , Letourneur , la mort.

Seine et Oise. -- Lecointre , la mort.

Haussmann , absent par commission.

Bassal , la mort.

Alquier , la mort : sursis jusqu'à la signature de la paix ; époque à laquelle , soit la Convention nationale , soit le corps législatif qui la remplacera , pourront faire exécuter le jugement ou commuer la peine ; et néanmoins , en cas d'invasion du territoire français par les puissances étran- gères , ou par les ci-devant Français émigrés , l'exécution du jugement , vingt-quatre heures après qu'on aura été informé des premières hostilités.

Gorsas, la détention, le bannissement à la paix, sous peine de mort.

Audouin, la mort.

Treilhard, la mort : sursis à l'exécution pour le plus grand intérêt de la république.

Roi, la mort : sursis jusqu'à la ratification de la constitution par le peuple.

Tallien, la mort.

Hérault, absent par commission.

Mercier, la détention perpétuelle.

Kersaint, l'ajournement de la peine à prononcer jusqu'après la guerre ; la détention jusque-là.

Chénier, la mort.

Dupuis, la détention, confiée à une garde départementale, jusqu'à l'affermissement de la constitution, moment auquel le peuple prononcera sur le sort de Louis, comme il le jugera convenable.

Seine-Inférieure. -- Albitte, Pocholle, la mort.

Hardy, la détention : le bannissement à la paix.

Yger, la détention : le bannissement à la paix.

Hecquet, la détention : le bannissement à la paix, sous peine de mort.

Duval, la détention : le bannissement à la paix.

Vincent, la détention : son bannissement et celui de sa famille, lorsque la nation le jugera convenable.

Faure, la détention pendant la guerre.

Lefebvre, la détention : le bannissement à la paix.

Blutel, la détention : le bannissement à la paix.

Bailleul, la détention.

Mariette, la détention, le bannissement à la paix, néanmoins mis à mort dans le cas où les puissances étrangères feraient quelques efforts en sa faveur.

Doublet, la détention : le bannissement après l'affermissement de la république.

Ruhault, la détention : le bannissement après l'affermissement de la république.

Bourgois, la détention : le bannissement à la paix.

Delahayes, la détention : le bannissement à la paix.

Seine et Marne. --- Maudyt, la mort.

Bailly de Juilly, la détention : le bannissement deux ans après la paix.

Tellier, Cordier, la mort.

Vigny, la détention : le bannissement à la paix.

Geoffroy jeune, la détention : la déportation à la paix.

Bernard des Sablons, la mort, avec sursis jusqu'à l'acceptation de la constitution.

Imbert, la détention : le bannissement à la paix.

Opoix , la déportation à la paix.

Defrance, la détention : le bannissement à la paix.

Bernier, la détention jusqu'à l'acceptation de la constitution , moment auquel le peuple en disposera suivant son intérêt.

Deux-Sèvres. --- Lecointre-Puyraveau , la mort.

Jard-Panvilliers, la détention : le bannissement à la paix.

Augier , la détention : le bannissement à la paix , sous peine de mort.

Duchastel, le bannissement.

Dubreuil-Chambardel , la mort.

Lofficial , la détention : la déportation à la paix.

Cochon (Charles,) la mort.

Somme. -- Saladin , la mort.

Rivery , la détention.

Gantois , la détention : le bannissement à la paix.

Devérité, la détention : le bannissement à la paix.

Asselin , la détention : la déportation à la paix.

Delocloy, la mort avec sursis jusqu'à la paix, l'exécution néanmoins si l'ennemi paraît sur la frontière , propositions indivisibles.

Louvet, la détention et le bannissement à la paix.

Dufestel , la détention et le bannissement à la paix.

Alexis Sillery, la détention , ainsi que celle de sa famille , leur bannissement après l'affermissement de la république.

François, la mort.

Hourier (Eloi,) la mort.

Martin , la détention et le bannissement à la paix.

André Dumont, la mort.

Tarn. -- Lasource, Lacombe Saint-Michel , la mort.

Soloniac , la détention et le bannissement à la paix.

Campmas , la mort.

Marvejouls, la détention et la déportation à la paix.

Daubermenil , absent par maladie.

Gouzy, la mort avec sursis jusqu'à ce que la convention ait prononcé sur le sort de la famille des Bourbons.

Rochegude , la détention et le bannissement à la paix.

Meyer , la mort.

Var. -- Escudier , Charbonnier , Ricord , Isnard , Despinassy , Roubaud, la mort.

Antiboul, la détention, comme mesure de sûreté générale.

Barras, la mort.

Vendée. --- Goupilleau , (J. F.) la mort , exécution prompte.

Goupilleau, (P. C. A.) la mort.

(72)

Gaudin, la détention dans un lieu sûr ; également éloigné de la convention et des frontières, et le bannissement à la paix.

Maignen, Fayau, la mort.

Morisson, ne vote pas, par les raisons déjà données dans les deux précédens appels.

Musset, la mort.

Girard, la détention, le bannissement à la paix, sous peine de mort, comme mesure de sûreté générale.

Garos, la mort.

Vienne. --- Piorry, Ingrane, la mort.

Dutrou-Bornier, la détention et le bannissement à la paix.

Martineau, la mort.

Biou, Creuzé-Latouche, la détention et le bannissement à la paix.

Thibaudeau, la mort.

Creuzé (Paschal,) la détention et le bannissement à la paix.

Haute Vienne. --- Lacroix, la détention et le bannissement à la paix.

Lesterpt-Beauvais, la mort, avec sursis jusqu'au cas où l'ennemi envahirait les frontières, et, en cas de paix, jusqu'à ce que la convention le juge nécessaire.

Bordas, la détention.

Gay-Vernon, la mort.

Faye, Rivaud, la détention et le bannissement à la paix.

Soulignac, la détention ; le bannissement à la paix, sous peine de mort.

Vosges. -- Poulain-Grand-Prey, la mort, avec sursis jusqu'à l'acceptation de la constitution, l'expulsion des Bourbons ; exécution en cas d'invasion de la part des ennemis.

Huho, absent par maladie.

Perrin, la mort.

Noël, se récuse, par les motifs donnés aux deux précédens appels.

Jullien-Souhait, la mort. Il demande, comme législateur, que la convention examine s'il ne serait pas utile de surseoir jusqu'à l'acceptation de la constitution. Cette proposition est indépendante de son *vote* comme juge.

Bresson, la détention et le bannissement quand la tranquillité publique le permettra.

Couhey, la détention, l'exil après trois années de paix, sous peine de mort.

Balland, la détention et le bannissement à la paix ; la mort néanmoins, si le peuple la demande.

L'Yonne. --- Maure aîné, Lepelletier, Turreau, J. Boileau, la mort.

Precy,

Precy, la mort, avec sursis jusqu'à l'acceptation de la constitution.

Bourbotte, Hérard, Finot, la mort.

Chastelain, la détention et le bannissement à la paix.

L'Ain. -- Deydier, Gauthier, la mort.

Royer, la détention et le bannissement à la paix.

Jagot, absent par commission.

Mollet, la détention et le bannissement quand la sûreté publique le permettra.

Merlinot, la mort.

L'Aisne. -- Quinette, Jean-de-Bry, Beffroi, la mort.

Bouchereau, la mort, avec un sursis qui sera déterminé par la convention, propositions indivisibles.

Saint Just, la mort.

Belin, la détention et la mort si les puissances étrangères veulent le remettre sur le trône.

Petit, la mort.

Condorcet, la peine la plus grave, qui ne soit pas celle de mort.

Fiquet, la réclusion et la déportation à la paix.

Lecarlier, la mort.

Loyzel, la mort, avec sursis jusqu'à l'acceptation, par le peuple, de la nouvelle constitution.

Dupin jeune, la peine la plus forte, qui ne soit pas celle de mort.

L'Allier. --- Chevalier a déclaré son vœu inadmissible, parce qu'il n'a pu indiquer la peine sans la sanction du peuple, rejetée par un décret.

Martel, Petit-Jean, Forestier, la mort dans 24 heures.

Beauchamp, absent par commission.

Giraud, la mort, avec demande d'un sursis jusqu'à ce que la convention ait pris des mesures de sûreté générale ; propositions tellement indivisibles, que si on les séparait, son *vote* serait sans effet.

Vidahn, la mort.

Hautes-Alpes. -- Barety, la détention, l'exil à la paix.

Borel, la détention, le bannissement à la paix.

Izoard, la détention, sauf à prendre, suivant les circonstances, des mesures ultérieures.

Serres, Cazeneuve, la détention, le bannissement à la paix.

Basses-Alpes. -- Verdollin, la détention, le bannissement à la paix.

Claude-Louis Regnis, la détention, le bannissement à la paix, sous peine de mort.

Derbez-Latour, Maisse, la mort.

Peyre, Marc-Antoine Savornin, la mort. (*Voyez* Mailhe; Haute Garonne.)

Ardèche. -- Boissy-d'Anglas, la détention, le bannissement quand la sûreté publique le permettra.

Saint-Prix, la mort avec sursis jusqu'à la paix, et après l'expulsion des Bourbons.

Gomon, la mort, avec sursis jusqu'au cas où les ennemis reparaîtraient sur le territoire de la république.

Saint-Martin, la réclusion, le bannissement à la paix, comme mesure de sûreté générale.

Guilhe, la détention, le bannissement à la paix.

Gleizal, la mort avec sursis jusqu'après l'expulsion des Bourbons et les mesures de tranquillité publique.

Coren-Fustier, la détention, le bannissement à la paix.

Ardennes. -- Blondel, la détention, et néanmoins la mort, en cas d'invasion de la part de l'ennemi.

Ferry, la mort.

Mennesson, la mort avec sursis, comme juge, jusqu'après l'expulsion des Bourbons, et comme législateur, jusqu'au cas où l'ennemi envahirait le territoire français ; et dans le cas contraire, le bannissement à la paix.

Dubois-Crancé, la mort.

Vermon, la mort avec sursis jusqu'au cas où l'ennemi envahirait le territoire français.

Robert, la mort.

Baudin, la réclusion et la déportation à la paix.

Thierriet, la détention perpétuelle.

Arriége. -- Vadier, Clauzel, Champmartin, Espert, Lakanal, Gaston, la mort.

L'Aube. -- Courtois, Robin, la mort.

Perin, Duval, Bonnemain, la détention, le bannissement à la paix.

Pierret, Donge, la détention, le bannissement à la paix, comme mesure de sûreté générale.

Garnier, la mort.

Rabaut, (J. P.) la détention, le bannissement à la paix.

Aude. -- Azéma, Bonnet, Ramel, la mort.

Tournier, la détention, le bannissement à la paix, comme mesure de sûreté générale.

Tarrageon, la mort.

Periès jeune, la détention, le bannissement à la paix.

Morin, la détention, le bannissement à la paix, sauf à prendre des mesures ultérieures, et à prononcer même la peine de mort, en cas d'invasion du territoire français par l'ennemi.

Girard, la mort.

Aveiron. -- Bo, la mort.

Saint-Martin-Valogne , Lobinhes , la détention , le bannissement à la paix.

Bernard-Saint-Afrique , la détention dans un lieu sûr , jusqu'à ce que l'assemblée juge le bannissement convenable.

Camboulas , Second , la mort.

Joseph Lacombe , la mort (*voy.* Mailhe , Haute-Garonne.)

Louchet , la mort dans le plus bref délai.

Godefroi Yzarn , dit Valady , la détention au château de Saumur , jusqu'à ce que l'Autriche ait reconnu la république , et que l'Espagne ait renouvelé ses traités avec nous. |

Bouches-du-Rhône. -- Jean Duprat , Rebecquy , Barbaroux , la mort.

Granet , la mort dans les vingt-quatre heures.

Durand-de-Maillane , la détention ; le bannissement à la paix , sous peine de mort.

Gasparin , la mort.

Moyse Bayle , la mort dans les vingt-quatre heures.

Baille , Rovère , la mort.

Deperret , la réclusion , le bannissement à la paix.

Pelissier , Laurent , la mort.

Calvados. -- Fauchet , la détention , le bannissement à la paix.

Dubois-Dubais , la mort , avec sursis jusqu'au cas où une armée des puissances avec lesquelles nous sommes en guerre , ferait une invasion sur le territoire français , ou dès qu'une puissance se réunirait à nos ennemis pour nous faire la guerre.

Lomont , la détention , la déportation à la paix.

Henry Larivière , la détention , l'exil à la paix.

Bonnet , la mort. (*voy.* Mailhe , Haute-Garonne.)

Vardon , Doulcet , la détention , le bannissement à la paix.

Taveau , la mort avec sursis , jusqu'au cas où les puissances étrangères mettraient le pied sur le territoire français , ou jusqu'à l'acceptation de la constitution.

Jouenne , la mort. (*voyez* Mailhe , Haute-Garonne.)

Dumont , Cussy , Legot , Philippe Delleville , la détention , le bannissement à la paix.

Cantal. -- Thibault , la détention de Louis ; son bannissement , celui de sa famille à la paix , et de tous les Bourbons.

Milhaud , la mort dans les vingt-quatre heures.

Mejansac , la détention et le bannissement à la paix.

Lacoste , la mort dans les vingt-quatre heures.

Carrier , la mort.

Joseph Mailhe , absent.

Chabanon , Penvergue , la détention , le bannissement à la paix.

Charente. -- Bellegarde , Guimberteau , Chazaud , la mort.

Chedaneau , la mort, avec sursis jusqu'à ce que l'assemblée ait discuté s'il convient de différer , ou non , l'exécution ; propositions indivisibles.

Ribereau , la mort.

Devars , la détention dans un lieu central de la république , le bannissement. à la paix.

Bran , la mort.

Crevelier , la mort dans les vingt-quatre heures.

Maulde , la détention perpétuelle , sauf à prendre d'autres mesures à l'acceptation de la constitution, ou à la fin de la guerre.

Charente-Inférieure. -- Bernard , Bréard , Eschasseriaux , Nion , Ruamps , Gaanier , la mort.

Dechezeaux , la détention , le bannissement quand la tranquillité publique le permettra.

Lozern , la mort.

Giraud , la détention , le bannissement à la paix.

Vinet , la mort.

Dautriche , la détention jusqu'à la paix , sauf alors à la convention , ou à la législature qui lui succédera , à prendre des mesures ultérieures.

Cher. --- Allasœur, la détention , le bannissement à la paix.

Foucher , la mort.

Bauchetou , la détention , le bannissement à la paix.

Fauvre-Labrunerie , la mort.

Dugenne , la détention , le bannissement à la paix.

Lepelletier , la mort.

Corrèze. -- Brival , la mort dans le plus bref délai.

Boric , la mort.

Chambon , la mort : il demande que l'assemblée délibère promptement sur le sort des Bourbons.

Lidon, la mort. (*Voyez* Mailhe , Haute-Garonne.)

Lanot , la mort dans les délais de la loi.

Penière , la mort ; il demande pour l'avenir l'abolition de la peine de mort.

Lafond , se récuse par les motifs déduits aux deux précédens appels.

Côte-d'Or. -- Bazire , Guyton-Morveau , Prieur , Oudot , Guyot , (Florent) la mort.

Lambert , la détention , le bannissement à la paix , à moins que le peuple n'investisse la législature suivante de pouvoirs pour prononcer définitivement sur son sort.

Marey jeune , la détention , comme mesure de sûreté pendant la guerre , et l'expulsion après que les despotes ,

coalisés contre la France, auront posé les armes et reconnu
la république française.

.Trullard, la mort.

Rameau, le bannissement perpétuel, sans préjudice des
mesures à prendre contre sa famille.

Berlier, la mort.

Corse. -- Salicetti, la mort.

Chiappe, la détention, la déportation à la paix.

Caza-Bianca, la détention, sauf aux représentans du
peuple à prendre des mesures suivant les circonstances.

Andrei, la réclusion pendant tout le temps nécessaire
au salut public.

.Bozio, la détention, le bannissement à la paix.

Mottedo, la détention pendant la guerre.

Côtes du Nord. --- Coupé, la détention, le bannissement
à la paix.

Champeaux, la détention pendant la guerre, comme
ôtage, par mesure de sûreté : l'expulsion, à la paix, du
territoire de la république, et peine de mort s'il y rentre.

Gauthier jeune, la détention perpétuelle.

.Guyomard, la détention, le bannissement à la paix,
comme mesure de sûreté.

Fleury, Girault, la détention, le bannissement à la paix.

Loncle, la mort.

Goudelin, la détention, le bannissement à la paix, sauf,
en cas d'invasion du territoire français par l'ennemi, à
faire tomber sa tête si le peuple la demande.

Creuse. -- Huguet, la mort. (*Voy.* Mailhe, Haute-Garonne.)

Debourges, s'abstient de voter, ne croyant pas qu'il ait
reçu le pouvoir d'être juge.

Coutisson-Dumas, la réclusion, comme mesure de sûreté, sauf au souverain, lorsqu'il acceptera la constitution,
à statuer en définitif sur le sort du tyran, ainsi qu'il avisera.

.Guyès, la mort.

Jaurand, la détention, le bannissement un an après la paix.

Baraillon, la détention comme mesure de sûreté, sauf à
prendre par la suite telle autre mesure que le bien public
exigera ; il demande en outre que, dans la même séance,
l'ostracisme soit prononcé contre toute la famille des
Bourbons ou Capets, et contre tout ce qui a porté le nom
de prince en France.

Texier, la détention.

Dordogne. -- Lamarque, Pinet aîné, Lacoste, Roux-
Fazilliac, Taillefer, Peyssard, Cambord, Allafort, la mort.

Meynard, la détention pendant la guerre, sauf à prendre
pendant la paix de la part de la convention ou de la lé-

gislature , les autres mesures de sûreté générale que la circonstance pourrait exiger.

Bouquier l'aîné, la mort.

Doubs. --- Quirot, la réclusion, le bannissement à la paix.
Michaud, la mort.

Seguin , la détention, le bannissement à la paix.

Monnot, Vernerey, Besson, la mort.

Drôme. --- Julien , Sauteyra , la mort.

Gerenté, la détention , la déportation à la paix.

Marbos, la détention.

Boisset, la mort.

Golaud, la détention, le bannissement à la paix , néanmoins la mort en cas d'invasion du territoire par l'ennemi.

Jacomin , la mort.

Fayolle , Martinel , la détention , le bannissement à la
paix.

Eure --- Léonard Buzot, la mort. (*Voyez* Mailhe , Haute-
Garonne.)

Duroy , la mort, exécution sur-le-champ.

Lindet , la mort.

Richoux , Lemaréchal , la détention, le bannissement à
la paix.

Topsent, absent par maladie.

Bouillerot, la mort.

Vallée , la détention jusqu'à ce que la souveraineté du
peuple français , son gouvernement républicain , soit reconnu par tous les gouvernemens de l'Europe ; alors l'expulsion de Louis et de tous les prisonniers du Temple ,
hors le territoire de la république ; il vote néanmoins pour
le dernier supplice , dans le cas où les armées ennemies
pénétreraient sur le territoire français.

Savary , la détention jusqu'à la paix , et l'acceptation
de la constitution par le peuple.

Dubusc , la détention, le bannissement quand la sûreté
publique l'exigera.

Robert Lindet, la mort.

Eure et Loire. -- Lacroix, la mort.

Brissot, la mort , avec sursis jusqu'à la ratification de la
constitution par le peuple.

Pétion , la mort. (*Voyez* Mailhe , Haute-Garonne.)

Giroux , la réclusion.

Lesage, la mort. (*Voyez* Mailhe , Haute-Garonne.)

Loiseau, la mort.

Bourgeois , absent par maladie.

Châles, Fremenger, la mort.

Finistère. --- Bohan , la mort.

Blad , la mort, avec sursis jusqu'au moment de l'expulsion des Bourbons.

Guezno , la mort.

Marec , J. Quenec , Kervelegan , la détention , le bannissement à la paix.

Guemeur, la mort.

Grommaire, la détention , le bannissement à la paix.

Gard. --- Leyris , la mort.

Bertezene , la mort , avec sursis jusqu'après la tenue prochaine des assemblées primaires qui auront lieu pour la ratification de la constitution.

Henri Voulland , la mort.

Aubry , la mort , avec sursis jusqu'après la ratification de la constitution par le peuple.

Jac , la mort , avec sursis jusqu'après l'acceptation de la constitution par le peuple.

Balla , la détention et le bannissement quand la sûreté publique le permettra.

Rabaud , la mort , avec sursis jusqu'après la ratification de la constitution par le peuple.

Chazal fils , la mort. (*Voyez* Mailhe , Haute-Garonne.)

L'assemblée a reçu la déclaration que lui ont faite tous ceux de ses membres qui n'ont pas voté pour la peine de mort , ou qui y ont attaché une condition, qu'ils s'étaient déterminés à voter comme législateurs , et non comme juges , et qu'ils n'avaient entendu prendre qu'une mesure de sûreté générale.

Résultat de l'appel nominal.

L'assemblée est composée de. . . . . 749 membres.

Il s'est trouvé 15 membres absens par commission
7 *idem* par maladie. . . . .
1 *idem* sans cause.   28
5 non votans. . . . .

Reste. . . . . 721 votans.

La majorité absolue est de. 361

Sur quoi. . . . . 2 ont voté pour les fers.

286 pour la détention et le bannissement à la paix , ou pour le bannissement immédiat, ou pour la réclusion , et quelques-uns y ont ajouté la peine de mort.

46 ont voté pour la mort avec sursis , soit après l'expulsion des Bourbons, soit à la paix , soit à la ratification de la constitution.

361 ont voté pour la mort.

  26 pour la mort, en demandant une discussion sur
le point de savoir s'il conviendrait à l'intérêt public qu'elle fût, ou non, différée, et en déclarant
leur vœu indépendant de cette demande.

387

Pour la mort sans condition. 387
Pour la détention, etc. ou la mort conditionnelle. 334
Absens, ou non votans. 28

Total. 749

A trois heures du matin, le décret a été fixé en ces termes :

« Art. I. La convention nationale déclare Louis Capet,
dernier roi des Français, coupable de conspiration contre
la liberté de la nation, et d'attentats contre la sûreté générale de l'Etat.

» II. La convention nationale déclare que Louis Capet
subira la peine de mort.

» III. La convention nationale déclare nul l'acte de Louis
Capet, apporté à la barre par ses conseils, qualifié d'*appel
à la nation*, du jugement contre lui rendu par la convention ; défend à qui que ce soit d'y donner aucune suite, à
peine d'être poursuivi et puni comme coupable d'attentat
contre la sûreté générale de la République.

» IV. Le conseil exécutif provisoire notifiera, dans le
jour, le présent à Louis Capet, et prendra les mesures
de police et de sûreté nécessaires pour en assurer l'exécution dans les vingt-quatre heures à compter de la notifica-
tion, et rendra compte du tout à la convention nationale,
immédiatement après qu'il aura été exécuté. »

TESTAMENT

TESTAMENT

DE LOUIS XVI,

Tel qu'il a été envoyé par la Commune au Conseil exécutif.

Au nom de la très-sainte Trinité, du Père, du Fils et du Saint Esprit, aujourd'hui, vingt-cinquième jour de Décembre 1791, moi, Louis XVI du nom, roi de France, étant depuis plus de quatre mois enfermé avec ma famille dans la Tour du Temple à Paris, par ceux qui étaient mes sujets, et privé de toutes communications quelconques, même, depuis le dix du courant, avec ma famille; de plus, impliqué dans un procès dont il est impossible de prévoir l'issue, à cause des passions des hommes, et dont on ne trouve aucun prétexte ni moyens dans aucune loi existante, n'ayant que Dieu pour témoin de mes pensées, et auquel je puis m'adresser:

Je déclare ici en sa présence mes dernières volontés et sentimens.

Je laisse mon ame à Dieu, mon créateur, je le prie de la recevoir dans sa miséricorde, de ne pas la juger d'après ses mérites, mais par ceux de notre Seigneur Jesus-Christ qui s'est offert à Dieu son père, pour nous autres hommes, quelqu'endurcis que nous fussions et moi le premier.

Je meurs dans l'union de notre sainte mère l'Eglise Catholique, Apostolique et Romaine qui tient ses pouvoirs, par une succession non interrompue, de St. Pierre, auquel Jesus-Christ les a confiés: je crois fermement et je confesse tout ce qui est contenu dans le Symbole et les Commandemens de Dieu et de l'Eglise, les Sacremens et les Mystères, tels que l'Eglise Catholique les enseigne et les a toujours enseignés; je n'ai jamais prétendu me rendre juge dans les différentes manières d'expliquer les dogmes qui déchirent l'Eglise de Jesus-Christ; mais je m'en suis rapporté, et je m'en rapporterai toujours, si Dieu m'accorde la vie, aux décisions que les Supérieurs Ecclésiastiques, unis à la sainte Eglise Catholique, donnent et donneront conformément à la discipline de l'Eglise suivie depuis J. C.

Procés de Louis XVI.   L

Je plains de tout mon cœur nos frères qui peuvent être dans l'erreur ; mais je ne prétends pas les juger et je ne les aime pas moins en Jesus-Christ, suivant ce que la charité chrétienne nous enseigne, et je prie Dieu de me pardonner tous mes péchés ; j'ai cherché à les connaître scrupuleusement, à les détester et à m'humilier en sa présence ; ne pouvant me servir d'un Prêtre catholique, je prie Dieu de recevoir la confession que je lui ai faite, et sur-tout le repentir profond que j'ai d'avoir mis mon nom (quoique cela fût contre ma volonté) à des actes qui peuvent être contraires à la discipline et à la croyance de l'Eglise Catholique, à laquelle je suis toujours resté sincérement uni de cœur. Je prie Dieu de recevoir la ferme résolution où je suis, s'il m'accorde la vie, de me servir aussitôt que je le pourrai du ministère d'un prêtre catholique pour m'accuser de tous mes péchés et recevoir le Sacrement de Pénitence.

Je prie tous ceux que je pourrais avoir offensé par inadvertance, (car je ne me rappelle pas d'avoir fait sciemment aucune offense à personne) ou ceux à qui j'aurais pu avoir donné de mauvais exemples ou de scandales, de me pardonner le mal qu'ils croient que je peux leur avoir fait. Je prie tous ceux qui ont de la charité, d'unir leurs prières aux miennes, pour obtenir de Dieu le pardon de mes péchés.

Je pardonne de tout mon cœur à ceux qui se sont faits mes ennemis, sans que je leur en aie donné aucun sujet, et je prie Dieu de leur pardonner, de même que ceux qui par un faux zèle mal entendu, m'ont fait beaucoup de mal.

Je recommande à Dieu ma femme et mes enfans, ma sœur, mes tantes, mes frères et tous ceux qui me sont attachés par les liens du sang ou par quelqu'autre manière que ce puisse être ; je prie Dieu particulièrement de jeter des yeux de miséricorde sur ma femme, mes enfans et ma sœur, qui souffrent depuis long-temps avec moi ; de les contenir par sa grace, s'ils viennent à me perdre, et tant qu'ils resteront dans ce monde périssable.

Je recommande mes enfans à ma femme, je n'ai jamais douté de sa tendresse maternelle pour eux ; je lui recommande sur-tout d'en faire de bons chrétiens et d'honnêtes hommes, de ne leur faire regarder les grandeurs de ce monde-ci (s'ils sont condamnés à les éprouver) que comme des biens dangereux et périssables, et de tourner leurs regards vers la seule gloire solide et durable de l'éternité ; je prie ma sœur de vouloir bien continuer sa tendresse à mes enfans, et de leur tenir lieu de mère, s'ils avaient le malheur de perdre la leur.

Je prie ma femme de me pardonner tous les maux qu'elle souffre pour moi, les chagrins que je pourrais lui avoir donné dans les cours de notre union, comme elle peut être sûre que je ne garde rien contre elle, si elle croyait avoir quelque chose à se reprocher.

Je recommande bien vivement à mes enfans, après ce qu'ils doivent à Dieu, qui doit marcher avant tout, de rester toujours unis entr'eux, soumis et obéissans à leur mère et reconnaissans de tous les soins et les peines qu'elle se donne pour eux en mémoire de moi. Je les prie de regarder ma sœur comme une seconde mère.

Je recommande à mon fils s'il avait le malheur de devenir roi, de songer qu'il se doit tout entier au bonheur de ses concitoyens; il doit oublier toutes haines et tous ressentimens, et notamment tout ce qui a rapport aux malheurs et aux chagrins que j'éprouve; qu'il ne peut faire le bonheur des peuples qu'en régnant suivant les lois; mais en même temps qu'un roi ne peut se faire respecter et faire le bien qui est dans son cœur, qu'autant qu'il a l'autorité nécessaire, et qu'autrement étant lié dans ses opérations, et n'inspirant point de respect, il est plus nuisible qu'utile.

Je recommande à mon fils d'avoir soin de toutes les personnes qui m'étaient attachées, autant que les circonstances où il se trouvera lui en donneront les facultés; de songer que c'est une dette sacrée que j'ai contractée envers les enfans ou les parens de ceux qui ont péri pour moi, et ensuite de ceux qui sont malheureux pour moi. Je sais qu'il y a plusieurs personnes de celles qui me sont attachées, qui ne se sont pas conduites envers moi comme elles le devaient, et qui ont montré de l'ingratitude; mais je leur pardonne, (souvent dans les momens de trouble et d'effervescence on n'est pas maître de soi) et je prie mon fils, s'il en trouve l'occasion, de ne songer qu'à leur malheur.

Je voudrais pouvoir témoigner ici ma reconnaissance à ceux qui m'ont montré un véritable attachement et désintéressement; d'un côté, si j'étais sensiblement touché de l'ingratitude et de la déloyauté de ceux à qui je n'avais jamais témoigné que des bontés, à eux, à leurs parens ou amis; de l'autre, j'ai eu de la consolation à voir l'attachement et l'intérêt gratuit que beaucoup de personnes m'ont montrés. Je les prie de recevoir mes remercîmens.

Dans la situation où sont encore les choses, je craindrais de les compromettre, si je parlais plus explicitement; mais je recommande spécialement à mon fils de chercher les occasions de pouvoir les reconnaître.

Je croirais calomnier cependant les sentimens de la nation, si je ne recommandais ouvertement à mon fils MM. de Chamilly et Hue, que leur véritable attachement pour moi avait porté à s'enfermer avec moi dans ce triste séjour, et qui ont pensé en être les malheureuses victimes. Je lui recommande aussi Cléry, des soins duquel j'ai eu tout lieu de me louer depuis qu'il est avec moi; comme c'est lui qui est resté avec moi jusqu'à la fin, je prie MM. de la commune de lui remettre mes hardes, mes

livres , ma montre , ma bourse et les autres petits effets qui ont
été déposés au conseil de la commune.

Je pardonne encore très-volontiers à ceux qui me gardaient,
les mauvais traitemens et les gênes dont il ont cru devoir user
envers moi. J'ai trouvé quelques ames sensibles et compatissan-
tes ; que celles là jouissent dans leur cœur de la tranquillité que
doit leur donner leur façon de penser.

Je prie MM. de Malesherbes , Tronchet et de Sèze de recevoir mes remercîmens et l'expression de ma sensibilité pour tous
les soins et les peines qu'ils se sont donnés pour moi.

Je finis en déclarant devant Dieu, et prêt à paraître devant
lui que je ne me reproche aucun des crimes qui sont avancés
contre moi.

Fait double , à la Tour du Temple , le 25 décembre 1792.

Signé , LOUIS.

FIN.